本田礼生のこもりっぱなし

太田出版

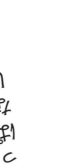

Contents

〈衣装協力〉【白のカット】ジャケット ¥187,000、シャツ ¥88,000、パンツ ¥176,000、ブーツ ¥80,000(すべてACUOD by CHANU Tel.03-5776-3679) 【緑チェックのカット】コート ¥198,000、ベスト 参考商品、パーカー¥76,000、パンツ ¥19,800、ブーツ ¥80,000(すべてACUOD by CHANU Tel.03-5776-3679)、その他スタイリスト私物 【川越さんぽ】ジャケット ¥121,000、ブラウス ¥77,000、パンツ ¥46,200(すべてY's BANG ON!／ワイズ プレスルーム Tel.03-5463-1540) 【in Akihabara】シャツ ¥13,200(アマラ Tel.090-7824-0328)、カットソー ¥4,290(ジュンレッド/ジュンカスタマーセンター Tel.0120-298-133)、パンツ¥6,009(エマクローズ/モノマート Tel.03-6417-0682)、シューズ ¥23,100(アールエフダブリュー Tel.03-6804-7283) 【in Climbing Gym】〈1カット目〉ブルゾン ¥50,600(ジュンオカモト Tel.03-6455-3466)、その他 スタイリスト私物〈2カット目・ボルダリング〉Tシャツ ¥3,190、パンツ ¥10,890(プーマ/プーマ お客様サービス Tel.0120-125-150) 【in PALM TREE】シャツ ¥36,300、Tシャツ ¥12,100(room.13/Sian PR Tel.03-6662-5525)、パンツ ¥25,300(masterkey/TEENY RANCH Tel.03-6812-9341)、その他 スタイリスト私物

Part. 1

Special Photo

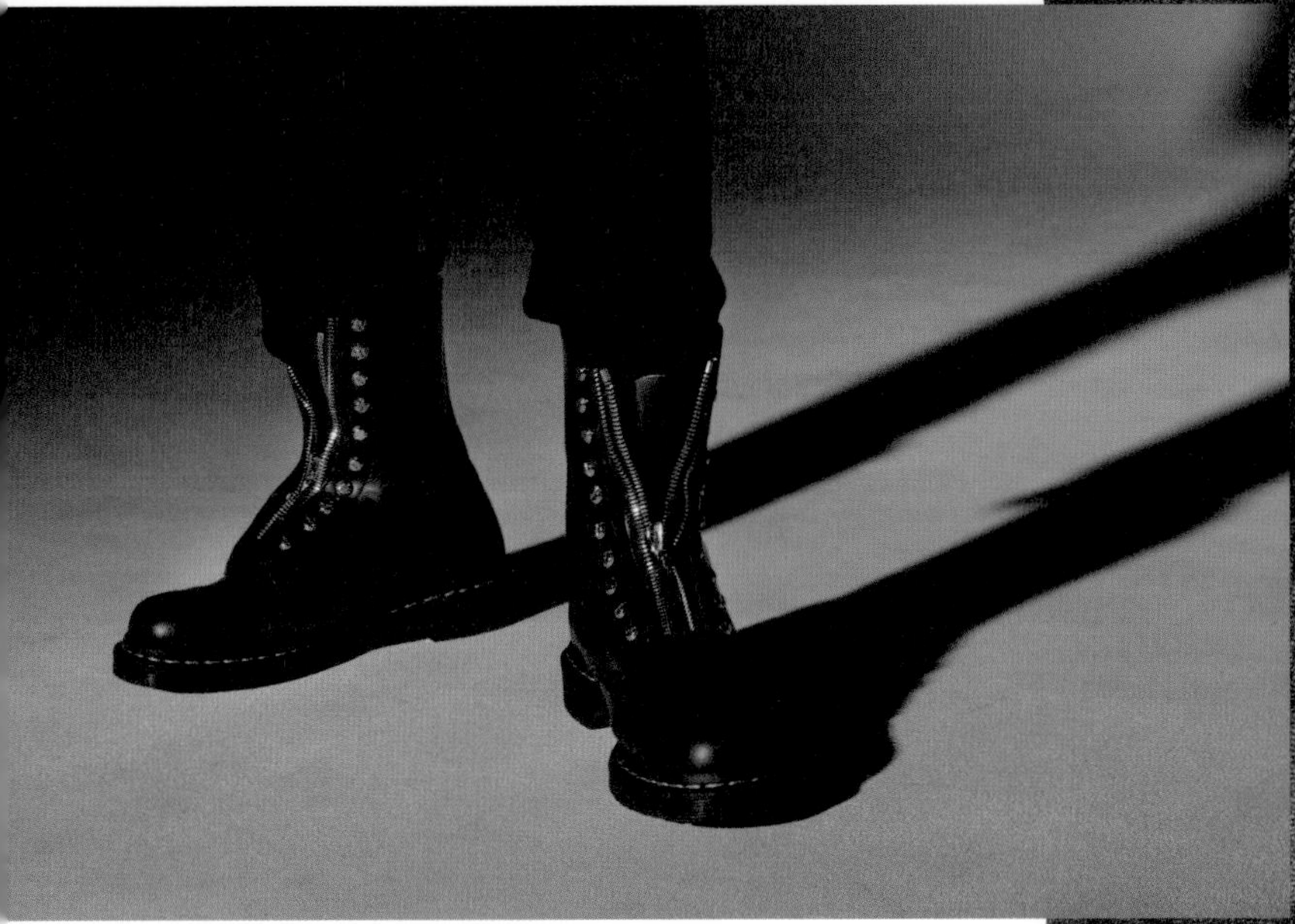

Stylist assistant petit experience

スタイリスト・津野真吾氏のアシスタントとして、本田さんご自身にスタジオ撮影で着用したい衣装を選んでいただいた。お邪魔したのはヒップホップカルチャーの信念を象徴としてファスナーを用いたデザインが特徴的なACUOD by CHANU。スタイリストが普段の衣装選びにかける時間と同じ15分間で今日のコーディネートを決めることに。「V.S.津野真吾さん!!」と意気込んで始めたスタイリスト体験からたくさんの学びを得たようだ。

スタイリスト
津野真吾さん

アシスタントとして
プレスで一緒に撮影用の
衣装を選んでみましょう。

おはようございます！
師匠、今日はよろしく
お願いします!!

Start!

たくさん洋服があって
迷っちゃうなあ。
トップスはどれにしよう。

思わずプライスカードを確認してしまう本田さん。

「真吾さん、こんなのどうでしょうか?」と師匠に確認。アドバイスとともに「色を差す」「色を拾う」などの専門用語を教わりながら衣装選びを進めていく。

そんなことも
するんですね!!

◀こんな感じかなと余裕そうな津野氏。着用イメージがわかりやすいようにアウターの内側にトップスを入れ込んで確認中。ハンガーから外れないように要注意。

どちらに決めたら良いのかと、衣装を手に持ち悩んでいる本田さん。▶

地面につかないように
注意しながら運ぶのって
意外と力がいるんだ。

◀組み合わせが崩れないようコーディネートごとに透明な袋をかけていく。運んでいるときに小物が落ちないように、袋の下を結ぶのも忘れずに。

ありがとう
ございました！

両手がふさがった
状態でどうやって
ドア開けるんだろう?

※詳しくはNFTデジタル特典付き特装版の動画をチェック!!

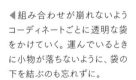

Kawagoe walk with camera

小江戸川越は江戸時代に発達した蔵造りの建物がある川越一番街や、大正から昭和初期の雰囲気を味わうことができる大正浪漫夢通りを中心とした古き良き街並みが残る地域。近年食べ歩きや映えスポットとして新たな魅力も加わったこの街を、カメラ片手に気の向くままに歩いていただいた。

あめだま
いも恋

Nikon

GOALS

エアーヨーヨー
BIKE

駄菓子江戸屋 川越本店
〒350-0062
埼玉県川越市元町2-7-1
☎ 049-223-0602
営業時間＝9:30-18:00
定休日＝無休

原
はるり銀

昭和SPACE
KAWAGOE KOEDO
〒350-0066
埼玉県川越市連雀町9-2 2F
営業時間＝6:00-24:00

上手くできていますか!?
ありがとうございます!!

Making of "Ramen bowl"

小江戸川越の街歩き最後に立ち寄ったのは陶舗やまわに併設されている陶芸教室。少しの手の動きで形が変わる粘土に翻弄される瞬間もあったが「初めてでこんなにうまい人はなかなかいないから続けてほしい」と先生から誉め言葉をもらった本田さん初めての陶芸体験の様子をレポート!

※詳しくはNFTデジタル特典付き特装版の動画をチェック!!

柔らかい色の照明で落ち着いた雰囲気の教室。電動ろくろか手びねりか選べるおためし体験や、絵付け体験も開催されている。

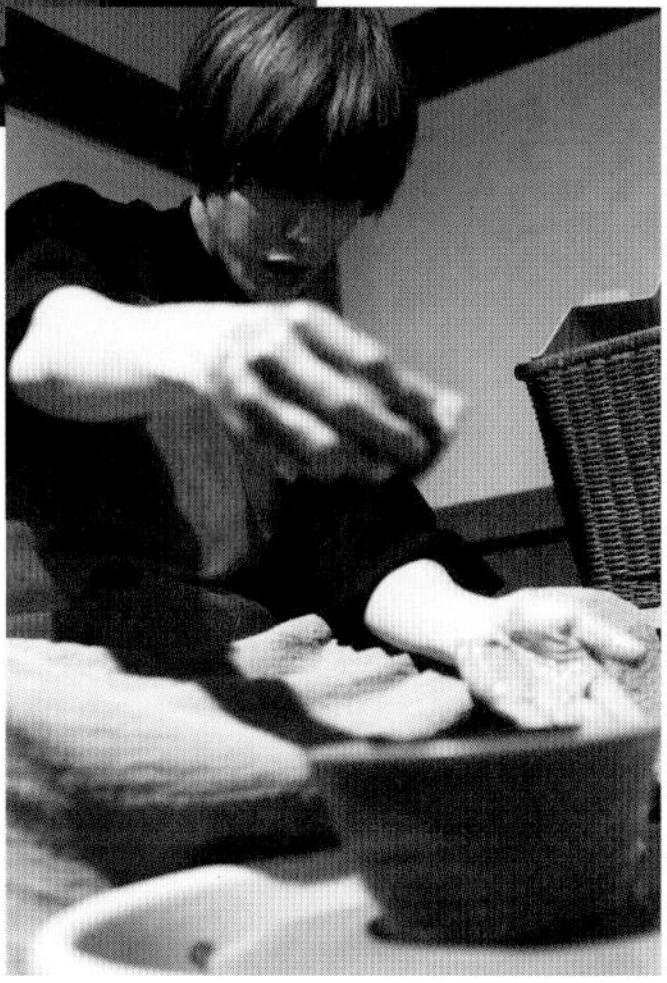

先生の説明を受けながら、初めての陶芸用粘土の感触を楽しむ。早速ろくろを回し、手に水分をつけて粘土を細長くしたり縮めたりしていた。

ラーメン用にどんぶりを作ると決め、成形を進めていく。力の入れ具合の微妙な加減や、手の接触で思わぬ形になってしまったときは修正もできる。

あっという間にひとつめを作り上げ、ふたつめのどんぶりに取り掛かる。

真剣な表情で模様を入れているところ。速く動かすと渦巻き模様、ゆっくり動かすと細かい筋状の模様をつけることができる。本田さんは両方の模様に挑戦。

初めての粘土の感触に戸惑いの声で先生を呼んだりしながらふたつのどんぶりを作り上げることができた。「自信作です」(本田さん談)。

陶舗やまわ
〒350-0063
埼玉県川越市幸町7-1
☎049(222)0989
営業時間＝10:00-18:00
定休日＝不定

Photo by Reo Honda

写真撮影に興味があるとうかがい街歩きの前にカメラを渡したところ、歩き始めてすぐにシャッターを切っていた本田さん。カメラマン・松崎氏に構図の作り方等いろいろな質問をする様子からも関心の高さがわかる。ここでは本田さんの作品と撮影の様子を大公開!!

活気のある表通りから細道に入るとがらりと印象が変わっておだやかな雰囲気に。この風景のどこかにピンときたポイントがあるようだけど……。

花手水を筆頭に草花も大切にされており、自然に街に溶け込んでいる。

蔵造の街並みと街のシンボルである時の鐘がしっかり収められている。

菓子屋横丁で1軒目に出会ったお店で。駄菓子や古き良きおもちゃ、カラフルな猫面とキツネ面が所狭しと置かれている。

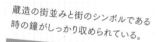

いまや昔のアニメや映画でしか見れないような街灯が当たり前のように存在する小江戸川越。電線がさらにその雰囲気を濃くしている。青空との相性もバッチリ。

「懐かしい！ 小さいころはお菓子やおもちゃがもっと大きく見えたのにな……」と自分の成長を感じながらシャッターを切っていた。

街歩きを始めてすぐに撮影された1枚。蔵造の街並みに圧倒される。

しあわせ稲荷小路にて。不思議な小動物の像が見守ってくれている。

Making of Reo's Photo

本田さんが撮影している様子とそのときに撮れた写真を2枚1組でご紹介。より良い構図を求めて独特な体勢になってしまうことも(笑)。

量り売りの駄菓子コーナーを画面いっぱいに収めたカット。

Reo Camera

Reo Camera

突如始まったカメラマンとの写真対決で真剣に構図を検討。

しなやかな体をぐっと小さくして地面すれすれからパシャリ。

Reo Camera

Reo Camera

皆の願いが詰まった絵馬としめ縄を記録するかのように写真を撮影。

Reo Camera

ちょっとした草木も見逃さず、迷わず写真を撮りに行く本田さん。

Reo Camera

自販機の裏に描かれた舞妓さんを見て、ヘアメイク・横山さんを配置。

一問一答

いつもたくさんお話してくださる本田さんに、趣向を変えて一問一答形式で質問。普段のインタビューよりもさらに慎重に考えている様子が新鮮だった。

GAME

ゲーミングPCを選ぶときにこだわった部分はどこですか？

スペックです。ゲームするのにスペックが足りなくなるのは絶対に嫌だったので、そこに一番力を入れました。

好きなハードはありますか？

しいて言うなら中学生のころ遊んでいたPSPとゲームボーイアドバンス。思い出深いですね。

初めてクリアしたゲームは？

『ドラゴンクエストモンスターズ テリーのワンダーランド』です。

続編を期待しているゲームはありますか？

『SEKIRO: SHADOWS DIE TWICE』。あと、『ドラゴンクエストモンスターズ』シリーズです。開発が止まってしまっているそうなので発売を待っています。

感動したゲームは？

『キングダムハーツ』。シリーズ全部プレイしています。

初心者におすすめのゲームはありますか？

『大神』っていうゲームをぜひやってほしいです。

ゲーマーで良かったことは？

ないです！　ゲーマーで嫌だったことはいっぱいありますけれど（笑）。

好きなゲーム実況者はいますか？

『APEX』の実況をしているそのさん。人間性がめちゃめちゃ面白くてかなり観ています。

FOOD

肉派？　魚派？

魚です。なかでもサバが好きで、小学生のころは世界中の人がサバが一番好きだと信じていたほどです（笑）。でも刺身ならサーモン。

ご褒美ご飯はありますか？

ないです。食べたいときに何でも食べちゃう（笑）。

得意料理はありますか？

その時期によって違うんですけれど、いまはうどんにハマっています。釜玉をめちゃめちゃアレンジしてみたり、ぶっかけのタレを凝ったり。卵を焼いてのっけてみたりとか。かけが好きなんですけれど、僕七味をめっちゃかける人なので結局全部同じような味になっちゃうんですよね（笑）。

辛いものは好きですか？

大好き！　結構辛めのキムチとかチゲもいけます。

甘いものは好きですか？

まあまあ。昔よりは好きじゃなくなってきちゃいましたけど、でも食べます。

よくつまむおやつはありますか？

ビーフジャーキーが好きです。

朝ごはんは食べますか？

あんまり食べないですね。時間があれば食べるときもあります。

体重をコントロールするときはどうしていますか？

一度も考えたことないです（笑）。

愛媛県にある好きな料理や特産品はありますか？

鯛めしかな。鯛めしかみかん。

MY FAVORITES

犬派ですか猫派ですか？

犬派です（即答）。でも猫飼いたいなって、ここ何年か思っています。でも飼わないんだろうな。多分（笑）。

好きな小説はありますか？

乙一さんの『失はれる物語』という短編小説です。一番最初の物語の「失はれる物語」が良くて、自分がその状況になったら耐えられないだろうなとか、その選択ができるのかとか。

高校生のときに読んで苦しいって思わせてくれた小説でした。


忘れられない言葉はありますか？

いっぱいあるな～。（しばらく考えて）『キングダムハーツ』の「358/2 Days」って曲があるんですけれど、それのアクセルの「嫌な役目はいつも俺だ」っていう台詞です。声優さんが大好きだったっていうのもあったし、そこから始まるムービーシーンがすごく良くて何回も観ていました。

THESE DAYS

最近行きたいところはどこですか？

旅行に行きたいかも。ニューヨークに行って、ブロードウェイ・シアターで観劇したいです。


最近のマイブームはありますか？

『プロフェッショナル』を観るためにNHKオンデマンドに入りました。いままではDVDをレンタルしてたのですが、いまはレンタルショップに行かなくても良いんですよ。こんなのあるんだって思いました。


最近買ってよかったものは？

DTMの機材がまるまる一新されました。

MUSIC

好きな音楽を教えてください。

何でも好きなんですけど、結局ロックバンドが好きなんだなって思います。音も好きだし、言葉がすごくストレート。言葉を大事にしてる人たちが好きです。


ギターは続けていますか？

はい。触ってます。上手くはなっていないですが（笑）。


スイカ（ギター）と一緒にやりたいことはありますか？

40歳半ばで弾き語りとかしてみたいです。ああいう表現がしたいっていうビジョンがあるんですが、いまの若さだとその空気が出せないので、その空気が出せるようになったらやりたいなって思います。


ギターの他に気になる楽器はありますか？

ピアノ、キーボードですね。一番最初はギターよりもピアノかキーボードをやりたかったんですけど、ちょっと敷居が高かったのと、家に置いて練習するスペースとかいろいろなことを考えてギターを始めました。

OTHER

朝型ですか？　夜型ですか？

夜型です（きっぱり）。


30歳になって変化したところはありますか？

若干心に余裕ができたような気がします。数ミリですけど。


本田さんご自身が考える自分の良いところと悪いところはどこだと思いますか？

良いところと悪いところって表裏一体だと思っていて。

よく考えるところと、考えすぎるところ。


手先は器用ですか？

並、ちょい上（笑）。


帰省したときに必ず行くところはありますか？

家から出ないんですよね、僕（笑）。兄のダンススタジオに顔を出すくらいです。


ギターの次の趣味は何になりそうですか？

絵とピアノ、キーボードがずっと気になってはいるんですけど、多分もっと突発的なものが来そうです。ちょっとまだわからないな……。ギターもそうだったんですけど結局勢いなんですよね、なにかを始めるときって。

Part. 2

Complete collection of
Reo Honda's homebody

Sofmap

シューティングカフェ＆バー
AKIBA★BASE
〒101-0021
東京都千代田区外神田4-4-3
秋葉原SILビル3F
※閉店

3F
CAFE & BAR
AKIBA☆BASE
SHOOTING CAFE & BAR

第1回

ゲームに対する姿勢

『CONTINUE』Vol.58の表紙を飾っていただいた本田礼生さんの新連載、ここに堂々スタート!!

――取材させていただいた際、本田さんが『Ghost of Tsushima』を4日間でクリアされた、というお話をされていて。それを聞いた本誌編集長が「そんなにゲーマーなんだったら連載してもらおう!」ということで、このたび連載決定となりました（笑）。よろしくお願いします!

本田　よろしくお願いします!

――連載開始を記念した秋葉原での撮影はいかがでしたか?

本田　面白かったです! 1ヶ月前くらいから『APEX』を始めたんです。なので「銃を構える」というのがすごくタイムリーで、めちゃめちゃ楽しませていただきました。

――良かったです! これまで銃を撃った経験はありましたか?

本田　小学生のときにエアガンとかモデルガンを撃ったことは何度かあるんですが、ああいったしっかりしたマガジンがついているものは初めてでした。

――初めてとは思えないくらい素敵でしたよ。

本田　自分で言うのも何ですけど、だいたい何でもできるタイプなんです（笑）。

――あははは!（笑）。今日（2020年11月12日）は奇しくもPlayStation5の発売日なんですけど、気になっているタイトルはありますか?

本田　『Horizon（Zero Dawn）』の続編は絶対やりたいです。僕『ウィッチャー3』が生涯で5本指に入るくらいストーリーで衝撃を受けたゲームで、それをリスペクトしながら作ったのが『Horizon』なんですよ。前作も映画3作品分くらいのクオリティがあるストーリーだったので、今回のPS5版も期待しています。

――本田さんは稽古などでお忙しいと思うんですけど、どうやってゲームをプレイする時間を捻出されてるんですか?

本田　これは……話すのにかなり勇気がいりますね（笑）。もっと他にやるべきことがあるだろうと言われてしまいそうですが、僕には僕のルーティーンがあるということで（笑）。

――いやいや、それが大事です！

本田　ありがとうございます。そう言っていただけると話しやすいです（笑）。仕事に出かけるまでに余裕があったら10分だけでもゲームに触ったりしてます。それだけでリフレッシュになって、「よし、仕事行こう！」っていうモードになれるんですよ。仕事から帰ってきてからは、ご飯を炊いたり、デリバリーを待っている間にも、ゲームをしています。公演で遠征中等のとき以外、ゲームを触らない日はないですね。でも台本を読んだり仕事のことをするときは集中してやります。仕事のことをしながら休憩でゲームをするというのはありません。

――ゲームを始めると寝食を忘れてやったりしますか？

本田　します！　寝るのは特に。食事はオンラインで友達とやっていても1回休んでご飯食べてから戻ったりするんですけど、寝るほうに関してはうわーあと5時間しか寝れないか、みたいになることも。

――寝るほうは犠牲にしがちですよね。

本田　次の日の予定にもよりますけどね。午前中から仕事があるとか舞台本番中とかはやはり舞台が大事なのでちゃんと寝ています。僕不安になるタイプなんですよ、昨日あれやったから今日からだ重いのかな、とか思いたくないので本番前日に夜更かしすることはないです。

――ついついのめり込んでやってしまうタイプなんですけど、決めた時間に終わらせる方法ってありますか？

本田　たとえばこの時間に終わりにするって決めているとき、僕はその30分前にやめるようにしています。絶対に。

――絶対に？

本田　絶対です。でも何かの都合でやめられないときってあるじゃないですか。そうなっても余白が30分間あればその時間までにはキリがいいところがあるはずです。だからやめられます。

――今度からやってみます。

本田　30分前までに絶対やめてください（笑）。

――あははは！（笑）。ちゃんと終わりにできるのが本当にすごいです。

本田　電源を消すまでを早く。これが大事です。ついているとだめなんですよ。やめないとなーって思いながら絶対やっちゃうので、次ラスト、終わりました、ピッって。

――やってみます（笑）。『APEX』って基本的に3人組じゃないですか。そういう集団でチームを組まないとできないものはお友達とやってるんですか？

本田　半々ですね。役者仲間と一緒に入ることもあれば、野良でその場で出会った人と入ることもあります。偏ってしまうと思うんですよね。『大乱闘スマッシュブラザーズ』とか『鉄拳』とかでもそうなんですけど、同じ人とずっとやってると癖の読み合いになってしまうんですよ。ゲームシステムを理解するんじゃなくて相手はこれをすることが多いからっていう心理戦、ひとつの偏った戦い方になってしまうのでなるべくいろんな人とやりたい。なのでオンラインはいい時代ですよね。

――楽しみ方がすごく広がりましたよね。よくプレイされているハードは何ですか？

本田　いまは、PlayStation 4や（Nintendo）Switchです。

――据え置き型ハードを中心にプレイされているんですね。Steamやスマホゲームはいかがですか？

本田　Steamはやっていないです（取材時）。スマホゲームは移動時間の暇つぶしで、最近は『ツムツム』をやっています。もちろん出演が決まった（作品の）アプリゲームはやり込むんですけど、それ以外はあまり手を出さないようにしています。家で据え置きハードの練習する時間がなくなっちゃうので。

――ゲームに向かうスタンスが「遊ぶ」ではなく「練習」なんですね（笑）。

本田　お芝居もそうなのでこれは多分自分のスタイルだと思うんですけれど、まずは自分が思ったように動けるようになるまでがひとつの目標なんです。たとえば『モンスターハンター』では「リオレウスがこう来たときは、こっちにダイブするのが基本」っていう周知のテンプレがいっぱい存在するんですよね。その空気感をつかむまでが最初の勝負です。「こうやって動くんだ」とか、あと視界は前向いていても後ろの様子がわかるようになってくると、さらに馴染んできた証拠。そうなるまでに3日から1週間はかかるかなあ。

――そうやってゲームを学ぶ、と。

本田　そうです。いまやっている『APEX』でいうと、それから戦術を覚えます。自分が思った通りのタイミングで敵を倒せるようになるまでが、とりあえずの目標です。そこまでは半年くらいかかります。最初は負けてもいいんですよ。

――半年！（笑）。ちなみに、いくらやっても勝てなくて嫌になることはないんですか？

本田　「始めたばかりなんだからできるわけない」「むしろ負ければ負けるほどいい」と思っています。変に勝ててしまって「なんだ簡単じゃん！」って思ってしまうと、もっともっと上のランクの人には絶対に勝てないので。

――めちゃめちゃストイックですね！　次のゲームに行くタイミングはいつなんですか？

本田　『スマブラ』もそうだったんですけど、ある程度目標にしていたことができて、半分ぐらいのキャラクターはVIP（上級者部屋）に入るようになると、その先はもっともっと勝ち方が狭くなってくるんです。でも将棋のように定石を知ってしまうと「こう来たらこう返すしかない」っていう戦略が全部見えてしまって、逆に窮屈に感じてしまうんです。なので僕は、だいたい超上級者プレイヤーの2個下くらいの段階で飽きて終わっちゃうんですよね。「見えたな、このゲーム」って。

――あははは、それは達人の域ですね（笑）。じゃあ、そこで一段落するわけですか？

本田　そうですね。そこまで行くと、なんとなく次のゲームを探しちゃいます。ただ、腕が鈍らないように練習は続けるようにしています。

――……いやいや、予想以上のゲーマーっぷりで驚いたんですけど、これから毎回、本田さんが「現在進行形でハマっているモノ」をお聞きできればと思います。よろしくお願いします！

本田　よろしくお願いします！

「本田礼生のこもりっぱなし」過去連載

第2回

ダンスと『鉄拳』を極めた青春時代

連載開始早々、熱いゲーム愛を語っていただいた本田礼生さん。今回は大好きな大人気格闘ゲームについて語っていただきました!!

――本田さんが一番最初に触ったゲーム機は何だったんですか?

本田　初めて触ったのはスーパーファミコンだと思います。いまでもはっきり覚えてるのは、1Pを兄がやっていて、僕は2Pのコントローラを持ってたんですけど、コードが刺さってなかったことがあって。

――ええ!?

本田　そのとき僕は4歳か5歳だったんですけど「コードが刺さってなくても、やってる気持ちになるでしょ」っていう周囲の感じを幼いながらも察していたのを覚えています(笑)。それで、ちょっとゲームに触れるようになったくらいにPlayStationが我が家にやって来て、そこで触ったのが『鉄拳』。それで『鉄拳』を家族でやっていました。

――1995年に発売された最初の『鉄拳』ですね。

本田　そのときはシステムもわからないし、グジャグジャやっていただけでしたが、『鉄拳3』ぐらいからシステムを理解しはじめて、『5』か『6』くらいからガチ勢になりました。それから『タッグトーナメント2』『7』までは本当にダンスと『鉄拳』しかしてないみたいな学生生活でした。

――ダンスとも両立されてたんですね。

本田　学業とは両立できてなかったんですけど(笑)。

――あははは(笑)。

本田　朝起きて『鉄拳』をして、夜ダンスの練習に行って、深夜にまた『鉄拳』をして、それで朝起きて……の繰り返し。ずっと『鉄拳』をやってましたね。オンライン対戦が初めて実装されたのが厳密に言うと『5』なんですが、しっかり普及したのは『6』からだったんです。当時はラグがあっても別にみんな気にしない時代というか、「オンラインで対戦できることがすごい!」っていう時代。そのときが一番燃えていましたね、『鉄拳』は。本当に「うわ! こんな戦い方あるんだ!」っていう。それまでは友達としかやっていなかったので、すごい固まった戦い方をしていたんですよね。とにかくずっとオンライン対戦をやっていました。

――「大会に出よう」って思わなかったんですか?

本田　大会に出ようとは思わなかったですね。でも大会の動画は観ていて、そんなに差は感じてなかったかな。

――おお！

本田　当時はダンスを休もうと思えば休めましたからね。だから本当のガチ勢。1日に6～7時間ずっとやってるみたいな感じだったので、大会の動画を観ても「いまのとこミスるか？」とか思ったりしていました（笑）。

――じゃあ『鉄拳』はシリーズを通して全作プレイされてるんですか？

本田　ほぼほぼプレイは全部しています。やり込んだかって言われるとまた別なんですが。

――シリーズの中で特に好きなのって、どれになりますかね？

本田　いくつかありますが、まず『鉄拳3』。『鉄拳』シリーズのシステムを最初に確立した作品。それまでは『ストリートファイターII』や『バーチャファイター』に対する、言い方は悪いですけど、色物コンパチゲームだったと思うんです。でも『3』からは「これはすごいゲームだな」と思いました。

――『鉄拳3』大ヒットしましたもんね。

本田　そうですね。『3』は思い出深いです。あと『鉄拳タッグトーナメント2』は過去に出てたキャラがほぼ全部出るっていう異例な作品で、もうバランス調整とかよりも、お祭りって感じだったんですよ。昔『鉄拳3』にしか出てなかったポリゴンのキャラが高画質になって最新のシステムで使える！っていうのが、シリーズファンとしては本当に嬉しくて。『タッグ2』の発売日前日は僕、寝れなくなっちゃって、楽しみすぎて。

――あははは（笑）。

本田　もちろん店舗に予約はしていてお店の開店時間は10時なのに、寝られないまま、夜中の3時くらいまで起きてたんです。そのころ、僕は兄と一緒に住んでいたんですね。そして僕、本当に朝起きるのが苦手で。朝10時に『タッグ2』を買いに行くには9時30分には起きなければいけないんです。でもつい数時間前に寝たばかりだから案の定、自力では起きられなくて。で、兄が起こしてくれたんです。「礼生、もうすぐ10時だよ」って言われた瞬間「わかった！」って言って、そのまま玄関を飛び出したらしいんです（笑）。

――どんだけ楽しみなんだと（笑）。

本田　ノンストップ。水を飲むとか、伸びをするとかもなく「わかった！」って玄関を出ていった。髪もはねてるし。「そんなノンストップ見たことない」って兄からは言われました（笑）。それで、そのまま店に行って、買って帰って寝ぼけ眼で起動して、1～2時間くらいプレイしたら「なるほどこんな感じね」って言って寝たらしいです。ほとんど記憶にないんですけど、なかなかの驚愕のエピソードですよね（笑）。

――いやーいい話だ（笑）。

本田　もうひとつ『鉄拳7』は完結編というか、ずっとテーマだった親子喧嘩、いまは家族喧嘩なんですけど、それが完結するということで、やっぱり外せないですね。最近ってゲームはアップデートで新キャラも増えるし、バランスも調整もされるから1作品が長い時代になってるんですよ。だから『7』で一旦シリーズに区切りをつけようとしているっていうのが、すごくわかるんですよ。僕が最初に『7』をやってたときと、いまは丸っきり違うゲームになっているなって思います。格闘ゲームは運営さん側の調整命なので、すごく細やかな調整がなされたことを受けて「こんな（技が）繋がるんだ！」とか、その分ほかのキャラにも新しい技が増えていたりとか。そういうのを大会とかで観ても面白いなあって思いますね。

――好きなキャラクターはいますか？

本田　強いて言うなら三島家。三島一八、三島平八、あと風間仁、デビル仁っていうのもいるんですけど、その三島家シリーズは上級者向けのキャラクターなんですよ。データ上の理論値はその3人が一番強くて。ただ現実的に考えるとその数値上の動きはできないからキャラランクではトップ層に入ってない、みたいなロマンがあるんです。彼らを対戦のときに出してくるのはすごくかっこいいなと思っていました。浮かせ技と言ってコンボを始めるときに使う技があるんですけど、他のキャラクターはみんな簡単なんですよ。でも三島家は最速風神拳っていう浮かせ技を使うのにも1ヶ月は練習が必要な技というか。それが出せないと話にならないので敷居がすごく高いキャラクターなんですよ。しかもそれを当たり前のように使えないといけない。だから鉄拳プレイヤーからするとその技をバンバン当てているのがすごくかっこいいんです。出せるようになるとどの浮かせ技よりも強いっていうロマンがあるんですけど、ただそれは標準装備じゃないといけない。

――そこでちゃんと練習して使えるようになる人と、挫折してしまう人と。

本田　いますね、多分半分くらいの人は挫折してるんじゃないですか。僕も何回か挫折したんですけど、他のキャラクターたくさん使うようになってキャラコン（コントロール）が上手くなってから三島を使ったら意外と最速風神拳を出せるようになっていて。でそのあと他のキャラに行くとなぜかそっちの操作も上手くなっていてめちゃめちゃ楽に勝てたりするんですよ。でも三島が気持ちいいから戻ったり（笑）。

――『鉄拳』は他の格闘ゲームと操作方法が全然違うんですよね？

本田　僕は格ゲーをガチでやり込んだのが『鉄拳』が初めてだったので違和感なく入っていけました。ただ技が多すぎるから新規が入りにくいんだろうなっていうのは、やっていても思います。

――すごいですね。こんなに『鉄拳』の話を聞いたの、久しぶりかも（笑）。

本田　『鉄拳』をこんなに語れる現場があるなんて（笑）。僕も嬉しいです。でも読んでくださる方は大丈夫ですかね？　伝わりますか？

――大丈夫です。『CONTINUE』のコアな読者は全部理解してます（笑）。本田さんのファンの方も、これを読んで『鉄拳』に興味を持たれると良いですね。

本田　いやー嬉しい！　そうなったらめちゃめちゃ嬉しいです！

Information

『鉄拳3』
ジャンル：対戦格闘
メーカー：ナムコ
機種：アーケード、PlayStation、PlayStation 2
発売日：1997年3月20日

第3回 タコができるほど練習した『スマブラ』

連載をお願いするきっかけとなったもうひとつの逸話「右手にダンスのタコ、左手にスマブラタコ」について深掘りするべく、『大乱闘スマッシュブラザーズ』についてお話をおうかがいしました!

——本田さんの大好きな『大乱闘スマッシュブラザーズ(以下、スマブラ)』シリーズって、何気に「ピカチュウとマリオが殴り合う」っていうのが、なかなかビックリですよね(笑)。

本田　クッパとドンキーで戦ったりとか(笑)。最近では任天堂以外の作品から参戦するキャラクターも多くなってきていて、お祭りみたいですよね。

——『パックマン』とか格闘バトルするイメージがあまりないキャラクターも参戦していて面白いです。本田さんが最初にプレイした『スマブラ』って、どれでしたか?

本田　(NINTENDO)64ですね。シリーズの中で一番得意な作品でもありました。そういう人って結構多いんですよ、64勢って。

——64勢(笑)。

本田　20代は珍しいかもしれないですけど、30代から40代くらいの方たちと『スマブラ』の話すると、「64ならできるよ」って人がメチャメチャいるんですよ。その64勢が入ってきてほしいのが最新作ですね。

——2018年のゲーム・オブ・ザ・イヤー会議では、『スマブラ』最新作をどう評価するかで議論になったんですよ。中でも「ハードルが高くなった」という意見が多かったです。

本田　確かに! YouTubeなどの普及で上手い人のプレイ動画を観られるようになって、友達みたいな狭いコミュニティで遊んでいるよりも高いレベルのプレイが観れるようになってしまったんですよね。

——たくさんの動画がありますよね。

本田　でも、その一方で何も知らない人たちがただただ遊びでやる分の幅は、最新作のほうがメチャメチャ広くて。だから初心者の人も、中級者の人も、超上級者、プロの人もできるゲームって、たぶんいま『スマブラ』しかないと感じていて、僕はそこが素晴らしいと思っているんですよね。上手くなれる幅もあるし、別に上手くならなくてもいいっていう幅もある。

——そうやってハードルが低いわりに、中には、ものすごいガチ勢がいて、どこかで挫折するみたいな話もありました。

本田　いますね。でも、通信対戦のゲームで上手い人と当たらないって無理じゃないですか？　ガチ勢と戦いたいなら、もっと練習するしかない。それはスポーツも同じですよね。

——おっしゃる通りだと思います。

本田　でも『スマブラ』は本当にすごいと思います。プロとガチ対戦したら絶対に勝てないですけど、パーティールールにするとそうでもなくなってくるんですよ。プロでも負けるときは負けてしまうことがある。『鉄拳』は初心者同士で戦ったときそんなに面白くなくて。でも『スマブラ』って誰でもできるじゃないですか。そこが本当に素晴らしいです。

——本田さんと舞台で共演されている宮崎湧さんと『スマブラ』で対戦されている動画を拝見したことがありまして。

本田　もう遊びですあれは。僕としては2割も力を出してないかなくらいの（笑）。

——そうだったんですか!?　少しやったことあるからこそ、本田さんがものすごく極めてらっしゃるのがわかりました。本田さんがそこまで『スマブラ』にハマったのは何でしょうか？

本田　『スマブラ』のすごいところって奥を突き詰めると底がないというか、格闘ゲーム並みに奥が深いというところなんですよ。あとはキャラクターコントロールですかね。たぶん『鉄拳』と同レベルで臨機応変に対応しないといけないんですよ。『鉄拳』だったら「この浮かせ技をこの位置で当てると、絶対にこう浮く」というのがあるんですけど『スマブラ』は上下左右、そして空中と3D感がより強い。そこが『鉄拳』と違います。触っているうちに「後ろ向きに当たると斜め下に飛んでいく」というようなパターンがわかるようになるんですよ。「この動きだったらこっちに飛ぶな」とか。だから格闘ゲームをやっている人だと、逆に苦戦します。僕も最初すごい苦戦したんです。そこが奥が深いと思っている理由ですね。

——ホントにガチンコの格闘ゲームなんですね。

本田　キャラクターの追加だけでなく、いまでもアップデードのたびに元々いるキャラクターがちょっとずつ調整されているんですよ。それを受けて「自分が使うキャラが2フレーム速くなった！」とかで、また盛り上がります。

——あははは（笑）。

本田　いや、もう、それが命なんですよ！（笑）。2フレ上がれば、天と地の差ですね。1フレはあんまり変わらないですけど、2フレは変わります。

——たとえば自分の好きなキャラがアップデートで弱くなったりしたら、みんな怒るんですか？

本田　怒りますね。でも、そのあと「まあそうだよなあ」って、みんな受け入れます。

——納得するんですか（笑）。

本田　逆に、すごくいいアプデもあるんですよ。基本的に『スマブラ』の調整って、それぞれの個性を出していく方向で考えられてるんですけど、あのバランスはスゴイですよ。世界大会でキャラの被りがほぼないですから。そんなゲームはないです。80人トーナメントで40～50キャラくらいいますから。

——本田さんの好きなキャラクター、よく使

うキャラクターは何ですか？

本田　全員使うんですけど、いまはマリオとピカチュウ、ゼロスーツサムス（以下、ゼロサム）をよく使っています。僕はゼロサムが理論値では最強と思っているんですけど、実際ゼロサムで世界クラスの大会を優勝してる人って本当に少なくて。それに憧れてゼロサムは使ってます。一応理論値最強技は使えるようにしています。

――すごいですね。

本田　あとはウルフとか、そのときの気分でいろいろ使います。コンボがかっこいいのはマリオですね！　かっこよくて好きです。

――あの人数を全員使うんですね（笑）。

本田　マリオは練習の成果が出やすいかな。コンボキャラなんですよ。自分が格ゲー出身なのでコンボが好きで、出しやすいからというのもあります。ピカチュウもそうですけど。あとは「理論値キャラ」のゼロスーツサムス。僕は一番強いと思っているんですけど、ゼロサムで世界クラス、大会で優勝してる人って本当に少ないんですよ。それに憧れて使っていて、一応理論値最強技は使えるようにしています。

――すごいですね。いつか大会で腕試ししていただきたいです。『スマブラ』は課金でキャラクターが増えますけど、本田さんはゲームに課金をされますか？

本田　僕は躊躇なくします。最近は洋服を買うようになりましたけど、それ以外ではお金を使うところがない、というのもあります（笑）。

――あははは（笑）。

本田　「ゲームに課金しても後には何も残らないよ」って言われることもあるんですけど。でも、それは1000円で美味しいものを食べるのと一緒。そのとき美味しかったっていう気持ちと、そのとき楽しかったっていう気持ちは同じなので、僕はまったく無駄じゃないと思っています。ちゃんと遊びの範疇で押さえていますし、映画を観るような気分なんですよね。

Information

『ニンテンドウオールスター！大乱闘 スマッシュブラザーズ』

ジャンル：アクション
メーカー：任天堂
機種：NINTENDO64
発売日：1999年1月21日

『大乱闘スマッシュブラザーズ SPECIAL』

ジャンル：対戦アクション
メーカー：任天堂
機種：Nintendo Switch
発売日：2018年12月7日

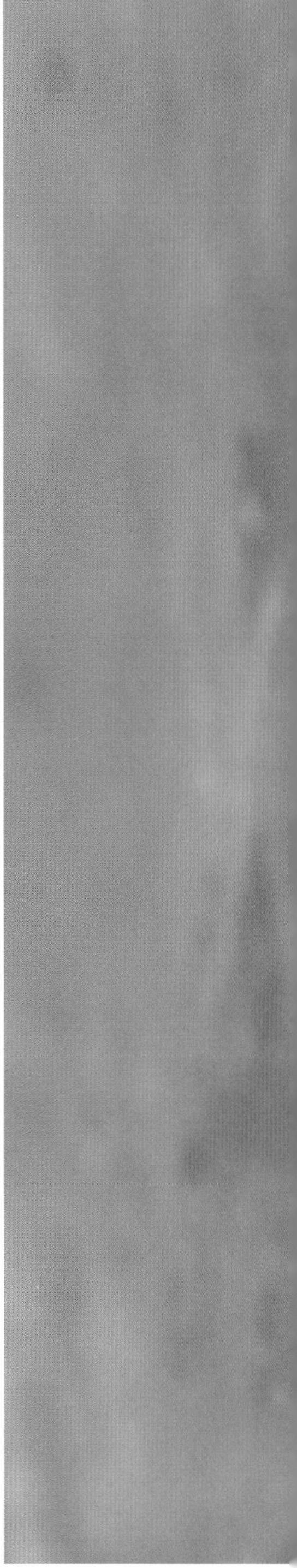

ベータクライミングジム
〒162-0065
東京都新宿区住吉町1-14
☎03-5341-4503
営業時間＝平日 10:00-23:00
土・日・祝 8:00-23:00
（2020年3月より短縮営業
日祝は20時閉店）
定休日＝不定休

第4回 ゲーミング周辺機器への提案

ボルダリングジムでの撮影のあと、据え置き機からPCへの変更とともにゲームプレイ環境もアップデートした際に気づいたことがあるとのことで教えてもらいました。本田さんが提案する、新しいプレイ環境とは？

――ボルダリングお疲れ様でした！　いかがでしたか？

本田　めちゃめちゃ楽しかったです！　テレビで見てから興味を持っていたんですが、自分ひとりでは一生行かなかったと思うので今回、挑戦できて良かったです。難しかった！

――身体は大丈夫ですか？

本田　はい。疲れとかは、まったくないです。ただ、いまは自分の腕とは思えない不自由さです。力が入らない（笑）。

腕を使って上がるときにかなりのパワーが必要でしたね。

――ジムのスタッフさんも本田さんがするする課題をクリアしていくので、かなり驚いていました。

本田　登ってから次に使うホールド（手足を置く突起）を探す時間を減らしたいなって思って、登り始める前にゴールまでのルートをシミュレーションしてから登りました。

――それを初回からできる人はかなり珍しいらしいです。

本田　僕は物事に取り組むときには1回考えて、たぶんこうなるだろうなっていうのをやってみて違ったら修正して、またやるタイプ。その繰り返しが楽しい。ゲームもそうですし、役者業も、アクロバットも、ダンスも、なんでもそんな感じです。

――見ている側にも伝わってきました。今回のテーマは何にしましょうか。

本田　ゲームに直接関係があるかって言われるとそうでもないけど、こもりっぱなしとしてはぜひ話したいことがあるんですよ！

――なんでしょう？

本田　いまの僕の部屋は、ちょっとポップにしたいと思って、黄色だったり青だったり、明るい色の小物とかインテリアにしているんです。

でも半年前くらいにゲーミングデスクとかゲーミングPCに移行して、ゲーミングチェアを揃えたら色味がどうしてもシックになってしまって。

――黒に少し赤が入る、みたいな独特な色使

いが定番化していますよね。

本田　そうなんですよ。部屋にゲーミングチェアとゲーミングデスクとゲーミングＰＣを置いているんですけど、ふと見てみたら僕は、こんな色味にしたかったんだっけ？　もっとポップにするつもりだったのにって（笑）。それで、あ、そっかこいつらの存在がでかいんだいよなって気づきました。

——空間を占めてる割合が大きくなるから目が行きがちですよね。

本田　ゲームスペースが中心になってしまうので、他のものを合わせるしかないっていう。木目のインテリアで、カーテンがポップな色味で、そこにシックな色味のゲーミングデスクとチェアがあると、大喧嘩しちゃうんですよ、部屋が。これ悩んでる人結構いると思うんですよね、ゲーミング系置いちゃうと部屋が変わりすぎること。アンケートとりたいくらいです！（笑）

——一気にゲーマーです！って雰囲気になりそうです。

本田　いま女性プレイヤーもめちゃめちゃ多いですし、年齢層も中高生から50歳を超えた方もやってますし、もっともっとゲーミング家具の間口が広くなってもいいんじゃないかなって。

——猫耳がついたヘッドホンとか振り切ったデザインのものは見かけたことがあります。

本田　極端なんですよね。難しいのが、ゲーミングデスク、ゲーミングチェアってなんなんですか、って言われると明確な定義がないんですよ。この色合いだからゲーミングチェアって思うだけで別にゲームにめちゃめちゃ適しているかって言われると〝そうでもない〟ような。

——そうなんですか⁉

本田　言ったもん勝ちみたいな感じで、なんとなくゲーミングチェアを出してるブランドが多すぎる気がするんですよ‼（苦笑）。

——ゲーム周辺機器をあまり気にしたことがなかったので勉強になります！

本田　もっといろんなデザインとか機能性でも勝負して、ゲーミングデスクとゲーミングチェアの概念を変えていくべきだと思うんですよね。

——理想に近いものに出会ったことはありますか？

本田　ゲーミング機器のブランド・バウヒュッテのホームページにのっていた「ゲーミングＤＩＹ」の記事で紹介されていたセットです。僕も一式そろえたいなと思っているんですけど、自社の製品と、兄弟ブランド・ドッペルギャンガーの木の家具を違和感なく組み合わせていました。

——それはかなりデザイン性が高い空間を作れそうですね。

本田　でも発注して、自分で組み立てて、となると少しハードルが高いんですよ〜。

——もっと手軽だといいですね！　こういう機能があったらいいのにっていうのはありますか？

本田　一番はゲーミングＰＣの本体を隠したい！　ゲーミングＰＣってものにもよりますけど、メカニカルに見せるためにＰＣカバーが透けてて、内側はめちゃめちゃ光っているんですよ。さらに大きいので収納できたら良いですね。

でも僕らの技術で隠そうとすると、熱がこもってしまうという問題が起こります。ゲーミングPCって本当に冷却が命だから。

――開発陣も熱対策に苦しんでいるかもしれないですね。

本田　バウヒュッテならできると思います。でもどちらかというと本体を推してかっこよく見せるほうを重視しているように感じます。ただ僕からするとコードを隠すなら本体も隠そうぜ、と（笑）。

――あははは（笑）！

本田　いまeスポーツも盛んになってきていますし、ゲームがもっと広く一般的な人たちに受け入れられるようになってきてはいますが、もっと広まってほしいですね。

――『あつまれ どうぶつの森』を筆頭にコロナ禍でゲーム文化はかなり広まったので、そこからもっと浸透していってほしいですね。

本田　一般ユーザーだけじゃなくて、YouTuberとか、部屋を可愛くしたい人とか、かっこよくみせたい人とか、ゲームゲームしてなくて、ちょっとカジュアル目にゲーム配信したいですっていう人にも言えると思います。

――と言いますと？

本田　たとえば〝普通の机でゲーム配信している動画を観たい〟か、〝バウヒュッテで全部そろえている人の配信を観たい〟かどっち？といったらおそらく多くの人が、後者のほうが観たいんじゃないですかね。揃えているってすぐわかるし。

だからゲーミングデスクやゲーミングチェアのデザインや色の選択肢がもっと増えればいいなって思うんです。

――配信者自身の、そして画面の端までこだわりが見えるという意味でもどんなプレイ環境かは気になりますね。

本田　ですよね！　とはいえ、一番の理由は〝自分の部屋に合わなすぎる〟という勝手な理由なんですけどね（笑）。

――あははは（笑）。

本田「そこまで言うなら普通の気に入った机と椅子でやればいいじゃん」で済む話なんですけど、そうじゃなくてゲーミングデスク、ゲーミングチェアでそれをやりませんか、というのが、僕の意見。というか提案です！どうでしょうか？（笑）

――本田礼生モデルがあったら各方面から人気が出そうです。

本田　いや〜そんなことができたら色味にも材質にもこだわってプロデュースしたいです。少なくとも僕は買います！　そしてみんなにオススメしたいですね。

――コラボ先を探していきましょう！　もしこれを読んでいる企業の方がいたら、ぜひよろしくお願いします!!

第5回 和に挑戦『モンスターハンターライズ』

今回は、毎週金曜日のダウンロードコンテンツ配信やDLC発売で大人気の『モンスターハンターライズ』について語っていただきました！

――ボルダリングをしている姿から『モンスターハンターライズ（以下、ライズ）』の壁を登るところを思い出してしまったんですけど、本田さんはプレイされましたか？

本田　メチャメチャやり込んだわけじゃないんですけど、ナルハタタヒメを倒してクリアするくらいまではやりました。これどうなんでしょうね？　ナンバリングタイトルでもないし、『モンスターハンター：ワールド（以下、ワールド）』の続編でもないし、『モンスターハンタークロス（以下、クロス）』のような少し実験的で遊びを加えた作品だと思うんです。まずは、難易度が低い。だから間口が広くて、初めて『モンハン』やる人もプレイしやすいし、モンスターのいる場所がわかっているから移動がめちゃめちゃ速くなりました。

――オトモガルクや翔蟲といった移動手段の多様化もありましたね。

本田　ただ動きにスピーディーなことが増えた分、全体の世界観の重さが減った気がします。「和」をテーマにしていて、妖怪をモデルにしたモンスターをもう少しおどろおどろしく表現したいのに、そこが軽くなってしまった分、ちぐはぐに感じてしまいました。これを『ワールド』の方向性の世界観でやってほしかったなって思いました。よくあるじゃないですか。「このゲーム、ここがもうちょっとこうだったら良かったのに！」とか。でもストレスを全部削っていったら良ゲーになるわけではないんだっていうのを、『ライズ』ですごく感じましたね。

――そのほかに発見はありましたか？

本田　移動を速くしてしまった分、マップを引き延ばさなきゃいけないじゃないですか。だから、いままではすぐ曲がれたところを、まっすぐ行って曲がってっていう道が多くて、そこも少し薄く感じた部分ですかね。そこで高低差を作ったのは良かったけど、せっかく上がったのに落ちちゃったとか、戦ってて落ちちゃった。それで、もう一回上がんなきゃいけないけど、どこから上がるのかわからない。「あ、そこでストレスが生まれるのか」って思ったんです。『ワールド』のときに戦ってて落ちるのとはまた違うんですよね。『ライズ』では、あのだだっ広い道に戻らなきゃいけないのかっていう、また新しい課題が見つかりました。

――落ちて迷っている時間のほうが長いんじゃないかと感じるときもありました（笑）。

本田　あと、発売当初言われていた内容の薄さ、あれはちょっといただけないなって思っちゃいましたね。

――簡単にクリアできるからですか？

本田　はい、追加コンテンツが来るまでやることないなってなっちゃったんです。あとはエンディングがアプデで後々追加されるのは、個人的にナシだと思うんですよね。僕は愛媛県出身で、当時といまはさすがに違うとは思いますが、ネット環境がない子や、インターネットはまだダメって言われている家庭は少なからずあると思うんです。そういう子たちがフルプライスで買っても、ちゃんとした真エンディングが見れないのはどうなんだろうと。

――シリーズファンとしては課題が残る作品だったんですね。

本田　悪いことばっかり言っちゃってますけど、でも面白かったですよ！　操虫棍以来なかなか『モンハン』になかった3Dで戦えるところとか、今後も続投してほしい機能もありました。やっぱり『ワールド』が僕の中でのひとつの答えだったんです。だから、その次は難しい作品になるだろうなっていうのは思っていました。

――確かに期待度が高い作品でした。

本田　誰しもが期待していて、世界的にも注目されていた作品だったので、あえて「和」っていう要素を残したのだと思いますし、昔から『モンハン』を知ってる人たちにとっては「軽かったな」って。あれが結構独特の持ち味だったのにって思いました。『モンハン』ライクのゲームってたくさんあるじゃないですか、『ゴッドイーター』とか、近しいハンティング系のアクションゲーム。その中で、唯一『モンハン』の持ち味っていうのが、重厚感だったと思うので、なんかもったいない、そこは戻してほしいって思いました。

――そういう方たちからすると今回新たに追加されたオトモガルクはどう思いました？

本田　ガルクを入れたからマップがだだっ広くなったんでしょうね。もうちょっと操作性を良くして、あんなに大回りせずに走れたらマップはいつも通りにすれば良かったんじゃないかなって僕は思いました。ただ、あのだだっ広いところを駆け抜けるのが気持ちいっていう人もいると思うので、まあ良し悪しは人それぞれということで（笑）。

――曲がるの苦手そうでした（笑）。

本田　ただ『モンハン』らしいかと言えば、らしくない要素のひとつだと思います。でもかわいい。僕としてはほしくなるくらいかわいいって思いました。アイルーもいてくれたし。良かったな。

――色をかなり自由に指定できるところも良かったですよね。本田さんは結構作り込むタイプですか？

本田　現実にいそうな色で作ります。普通の猫に見えるように、普通の犬に見えるように。

早期購入特典でゴールデンレトリバーみたいになれる重ね着装備の配布がありましたよね。僕イヌ飼っているんですけど、あれを見たときに、自分の犬と同じ名前を付けるのは違うなって思いました。モンスターと戦って死ぬじゃないですか。それくらい感情移入はしちゃいましたね。

――以前は採取にすごい時間がかかっていたのに、今作ではすぐに手に入るところも大きな違いでした。

本田　採取の部分は良くなってますよね。ワールドでも回復薬飲みながら歩けるようになりましたし。あと僕、痕跡は賛成派だったんですよ。ただ途中の古龍の痕跡は絶対やらないといけないし、1回じゃ終わらないのでNGでしたけど（笑）。痕跡を集めたらいいことあるよで残しておくレベル。集めなくても探せるし、集めると次から情報一発でわかるよっていうレベルのお得なモードだったら良かった。

――かなり時間かかったのを思い出しました……。

本田　『ライズ』になったら痕跡も千里眼すらもなくて最初からモンスターの居場所がわかっているっていうのは『モンハン』の世界観に合わないなって思っちゃって。ゲーム性的にはありかもしれないですけど。

――古い時代設定からも浮いていますね。

本田　それこそオトモガルクににおいをたどってもらうとか、ガルクを降りたらモンスターがいるほうに歩いていくとか、そういうのにしても良かったのになって。

――その機能ほしいです（笑）。ナルハタタヒメを倒すまでも、それなりに時間がかかると思います。クリアされたということは少し課題はあったけれど、しっかり遊べる作品だったということですよね。

本田　こんなに言いましたけど、めちゃめちゃ楽しかったです。やっぱり世界観のゲームだと思っているので、「和」に対する挑戦はめちゃめちゃ良かった。百竜夜行に合わせて新しいモードも追加して、海外受けをガッツリ狙っていて。次が楽しみですね。『ライズ』の続編になるのかなあ。『クロス』『ダブルクロス』を受けて、もうひとつ発展型を出す気はしていますけど。

――愛があるからこそですよね。いままでの作品をやり込んでないと出ない意見だと思います。

本田　はい、次回作が出たら、もちろんやります！（笑）

Information

『モンスターハンターライズ』
ジャンル：ハンティングアクション
メーカー：カプコン
機種：Nintendo Switch、PlayStation4、PlayStation5、Xbox One、Xbox Series X|S、PC
発売日：2021年3月26日

第6回

ＦＦシリーズを振り返る

新拡張パッケージ『FINAL FANTASY XIV 暁の終焉』発売にちなんで、本田さんの『FINAL FANTASY』歴をうかがいました。

――本田さんは『FINAL FANTASY（以下、ＦＦ）』シリーズはプレイしたことはありますか？

本田　もちろんあります！　ほとんどの作品をプレイしたことがあります。

――その中で特にお好きなナンバリングはありますか？

本田　『ＦＦⅦ』と『ＦＦⅨ』です。『ＦＦⅦ』は発売したときの記憶がないのですが、何年でしたっけ？

――１９９７年ですね。

本田　そのとき5歳ですからね、僕（笑）。それは無理じゃないですか。だから小学校6年生か中学校1年生くらいのときにちゃんと全クリしたのが初めてだと思うんですよ。『ＦＦⅦ』は、「これがあの名作か」って思ってやっていたので、メチャメチャ印象に残っています。そこから大人になってもたまにやっていて10周くらいしてるかな。結構やっちゃうんです。

――10周はすごい！　『ＦＦ』シリーズはやり込みありきの作品ですよね、2周目になって初めてできることがあったりして。

本田　『ＦＦⅦ』はその印象がすごい強くて、キャラもかっこいいし、すごく好きですね。

――リメイクも出ましたよね。

本田　僕すぐやりました。発売日にやりました。

――あははは（笑）。さすがです！

本田　リメイクも面白かったです。僕が一番好きな『ＦＦ』シリーズは『CRISIS CORE FINAL FANTASY Ⅶ』っていう外伝です。『ＦＦ』に対する思い出補正だったり、憧れ、理想、王道みたいなのをうまくほじくってくれて、しかもＰＳＰでできたっていうのがあって印象に残っています。

――もうひとつの好きな作品で挙がった『ＦＦⅨ』はどんな印象がありますか？

本田　『ＦＦ』シリーズのちょっと悪いところに、専門用語が多すぎるというのを感じていて。怒られないかな、大丈夫かな（笑）。もうちょっと簡単にしてもいいんじゃないかなと思っているんですけど、『ＦＦⅨ』はすごくわかりやすくて、世界観も入りやすいので一番好きです。ナンバリングタイトルだと。

もうビビを見ると切なくなります。

——『FFⅨ』が一番好きっていう人には会ったことがないかもしれないです。

本田　ちょっとひねくれてるところがあるんでしょうね。『FFⅦ』って言いたくない、みたいな。

——あははは（笑）。

本田　キャラクターも好きだし、キャラクター同士の関係性も好きなのかもしれないです。ジタンとスタイナーの関係性と、クラウドとバレットの関係性と。一人ひとりが好きなんだろうなあ。でもロード時間の長さはちょっと許せなかったですけどね（笑）。

——あははは（笑）！　生まれる前に発売されている作品でプレイしたものはありますか？

本田　『FFⅢ』はジョブが好きでした。『FFⅠ』と『FFⅡ』に関してはあんまり覚えてないんですよね（笑）。

——でもプレイされてるんですね。

本田　ゲームボーイアドバンスで『FFⅠ・Ⅱ』ってセットになってるのがありましたよね？　それで一気にやりました。クリアすることが目標だった哀れな時代にやってしまいました（笑）。ゲームはそうじゃなくて楽しむことが大事なのに。

——あははは（笑）。ほかに印象に残っている作品はありますか？

本田　『FFⅩ』は王道ですね。あれの人気なところって、「わかってるよ、そうなるんでしょ？　ほらなった」だと思うんですよ（笑）。ドラマとかでもありますが王道ストーリーというか、いい意味でわかりやすい話。そういうノスタルジー系はダメなんですよ。

——どのあたりがダメなんですか？

本田　胸が苦しくなりすぎるというか。でも『FFⅨ』のビビの話はそれがちょうど良くて。『FFⅩ』は心が痛すぎて。絶対ここはこうなるじゃん……っていうのもあって。

——確かに辛いですよね。私も『FF零式』は何日か引っ張りました。リメイクしてほしいナンバリングはありますか？

本田　『FFⅨ-Ⅱ』なんて出たときにはもう……!!　でも僕は携帯ゲームで出してほしいですね。最新機種クオリティでは出さなくていいと思ってしまいます。質感とかも携帯ゲーム機がちょうどいいんじゃないかな。

——たしかに。手軽にプレイできますし携帯ゲーム機だといいですよね。反対に新作の『FFⅩⅥ』に関してはどうですか？

本田　今年一番楽しみにしている作品かもしれません。あのプロデューサーの吉田直樹さんが、ナンバリング作品を担当されるのが初めてなんですよ。大炎上してしまった『FFⅩⅣ』を吉田さんが立て直してから、10年以上オンラインMMORPGの世界一のシェアをずっと取ってるんです。そんな超敏腕プロデューサーの方が作るオフラインのナンバリング作品っていうことで期待値がすごい高まっています。

——ほかに楽しみにしているところはありますか？

本田　次回作のテーマが「復讐」ってなっているんです。なのでダークファンタジーのような、フロム・ソフトウェアのゲームの世界観に近い感じになるんじゃないかなとか思ってたりします。めちゃめちゃ楽しみ。

——アクションRPGになるとのことですが、『零式』もそうでした。

本田　そうです！　『クライシスコア』も一応そうですね。

——じゃあアクションRPGはまったく初めての試みというわけではないんですね。

本田　『FFXV』一応アクションRPGでした。ただあんまり上手くいかなかったので、もしかしたらターン制に戻るかもっていう予想もあったんですけど、次回作もアクションRPGになりました。いまの時代のゲーム機の性能というか、時代的にもターン制っていうのはなかなか難しいのかなとか思ったり。ターン制にするメリットがあんまりないというか。

——そうなんですか？

本田　『ドラクエ』みたいに昔からずっと続いている古き良きゲームがずっとターン制を受け継いでいく分には素晴らしいと思うんです。いまはハードの性能が上がってリアルタイムでいろんな動きができるようになったので、たぶん作り手側もプレイヤーもキャラクターを動かしたくなるのかなとか思ったりしますね。

——『CONTINUE』Vol.70の表紙巻頭特集で取り上げた『FFⅩⅣ』、本田さんはやったことありますか？

本田　周りでやっている人がすごい多いです。でも全然触ってないです。

——やっている人とやってない人がわかれているんですよね。

本田　めちゃめちゃ面白いんだろうなと思ってはいるんですけど。

——MMOつながりで言うと、昔編集部に前いた人が会社辞めた後に1回行方不明になったことがあって。探していたときに『FFⅪ』に入ってきたからあいつは実家にいるに違いないって見つかったことがありました（笑）。

本田　おもしろ！　オンになった、いるわいるわって。たしかにそういう時代ですよね。

——生きてるぞ、って生存確認しました（笑）。

本田　見つかって良かった（笑）。

Information

『FINAL FANTASY Ⅸ』
ジャンル：RPG
メーカー：スクウェア
（現スクウェア・エニックス）
機種：PlayStation 4、
Nintendo Switch、
XBOX ONE、PC、アプリ
発売日：2000年7月7日

第7回

『エルデンリング』への期待（と感想）

2022年最初にうかがいたいのは、やはり本田さんが今年気になっている作品ではないでしょうか。そしてコアなファンとしては作品を語る上では外せない、ゲーム制作会社についても話題が膨らみます。

――あけましておめでとうございます。今年もよろしくお願いします！

本田　よろしくお願いします！

――早速ですが、今年期待しているゲームはありますか？

本田　やりたいと思っているのは、あれなんだったかな……『ダークソウル』シリーズの会社が作ってる……『エルデンリング』！

――2月25日にフロム・ソフトウェア（以下、フロム）から発売される作品ですね。

本田　まあフロムなのでかなり高難易度になるんだろうなっていうのはもうみんながわかっている上に、完全新作なのでめちゃめちゃ注目しています。世界中から期待されていますよね。

――編集部も楽しみにしています。今年のゲーム・オブ・ザ・イヤーに入るかもしれないですね。編集部にネットワークテストに参加した人がいるくらい、『CONTINUE』はフロムが大好きですから（笑）。

本田　それは素晴らしいですね！　僕もフロムゲームがすごく好きなんですよ。この会社のすごいところは、話がよくわからないんですよね。どの作品もよくわからずに終わったのに、楽しかったって思える。これぞゲームだと思うんですよ。

――フロム作品はひとつひとつに独立性があって、好きになるポイントがいっぱいあります。

本田　『デモンズソウル』が一番好きっていう人もいれば、『ダークソウル3』が好きっていう人もいて。まあ僕は『SEKIRO: SHADOWS DIE TWICE（以下、SEKIRO）』派なんですけど（笑）。

――『SEKIRO』はものすごく難しそうなので、ゲーム配信で見てました（笑）。

本田　フロムがすごいなって思うのは、『モンスターハンターライズ』の回で話したように「実験的な要素が多くてすごく良かったけど、こういうところが薄くなった」っていうのがないんですよね。『ダークソウル』は『ダークソウル』、『ブラッドボーン』は『ブラッドボーン』、『SEKIRO』は『SEKIRO』。実験とかはなしで、もうこれはこれっていう売り出し方。もうこの3つのゲームでシステムが全然違うんですけど、どれも完成してるのがすごい。

――たしかに、フロム作品ってよくわからないですよね。日本人離れしているというか。昔から日本人が作ったとは思えなくて（笑）。

本田　死ぬほどゲーム好きな人が社内にいるんでしょうね。比較的難易度が高い、でもちゃんとゲームの本質的なところで面白い。昔のマリオみたいにプレイヤーが成長していくというか。

――本田さんはどの作品が好きですか？

本田　『ダークソウル』シリーズとか『SEKIRO』がすごく好きです。

――ハマった要因はどこにあるんでしょうか。

本田　あれは本当にスルメゲーの代表だと思っていて。初期に出た『デモンズソウル』っていう作品は発売当初はそこそこだったのに、あとからみんなが面白さに気付いていって、いますごい大作になっている。これもひとつのゲームの本質だなと思うんです。僕もその評価を聞いてなかったらプレイしていなかったと思います。

――『SEKIRO』は『CONTINUE』のゲーム・オブ・ザ・イヤー第2位に入ってました。

本田　あれは入りますよね！　僕もめちゃめちゃはまりましたね。8周くらいしましたよ。

――8周!?　回を重ねると変わる要素はあるんですか？

本田　難易度がどんどん上がっていくんですよ。敵が強くなっていって8周目でピークを迎えるんです。やり込みました、そこまで。

――「めちゃくちゃハマった」度合いが想像以上でした（笑）。『エルデンリング』、プレイしたら感触を聞かせてください！（後日談：『エルデンリング』をクリアされた本田さんから感想をいただきました！）

――2022年期待しているゲームとして挙がった『エルデンリング』、いかがでしたか？

本田　ゲーム・オブ・ザ・イヤー取りましたよね！　遊んでいるときから取るだろうなと思ったゲームは久しぶりでした。

――〝難しすぎる死にゲー〟で定評のあるフロム・ソフトウェアですが、今回は救済措置がたくさんあったとか。

本田　そうなんです。いままでのフロムのゲームの楽しみ方もできるし、もう少し簡単にもできるっていうのをプレイヤーが選べるんですよ。アイテムがいっぱいあって、これ使うと超簡単になっちゃうけど大丈夫？って思うときもありましたが、それが素晴らしい。たぶん『エルデンリング』で初めてフロムのゲームをやる人はそのアイテムを全部使うじゃないですか。でもいままでやってきた人は使わないと思うんです。

――たしかに同じ意見を聞いたことがあります。

本田　でもフロムのソフトに慣れている人は使わなければいいだけの話なので。

――使わなくてもクリアできるんですか？

本田　全然できます。使わなかったですね、僕は。でもどんなものか見てみたかったので2周目に使いました。

——1周目で使わないのがストイックですね。

本田　古くからやってる人も、新しい人も楽しめるのがいいですよね。あとストーリーがわかりやすかったのも良かったです。フロムのゲームってストーリーをみんなで考察しないと全くわからないんですよ。でもやっぱり今作みたいにわかりやすいほうがワクワクしますよね。ムービーシーンの演出も刺さるし。いままでの作品だと強そうなやつ来た、くらいだったんですよ、わかることといったら。

——そんなに難解なんですね！（笑）

本田　でも今回はエルデンリングっていう指輪を持って王様になるシンプルな話なんですよ。いろんな国の王様がいて、真の王様はエルデンリングを持っている。この人は王様のうちのひとりなんだってわかるから、自分もそんな相手と戦えてるんだ、っていうワクワクがありました。最初は消しかすみたいなキャラクターと戦って殺されてを繰り返してたのに、これから前回のエルデの王と戦うんだ、あ、勝っちゃった、とか。

——自分がどれくらいのランクの敵と戦ってるかわかるんですね。

本田　いままでだとあなたは誰なんですか、っていう状態のやつらばっかりだったからすごいわかりやすかったです（笑）。

——いままではひたすら自分のスキルを試されてるって感じだったんですね。

本田　そうですね、『スーパーマリオ』シリーズみたいに死んで、死んでを繰り返して。今作は映像がきれいだったし、世界観もダーク過ぎなかったのも良かったです。『ブラッドボーン』とかはとにかく暗い話なんですけど、今回は深夜にやってても気分が落ちませんでした（笑）。

——敵の見た目はかなりグロテスクじゃないですか？

本田　見た目はそうですね。でもその中にちょっと神々しさがあるんですよ。そういう表現があるだけでちょっと気持ちがもっというか。『SEKIRO』も『エルデンリング』もちょっと華やかなシーンが多かったので今後もその方向に行ってほしいですね。

——そうすると『エルデンリング』はお気に入りの作品になりましたか？

本田　でもやっぱり自分の中でフロムゲーのナンバーワンは『SEKIRO』っていうのは変わってないです。『エルデンリング』は自分の中では2位に入りました（笑）。

Information

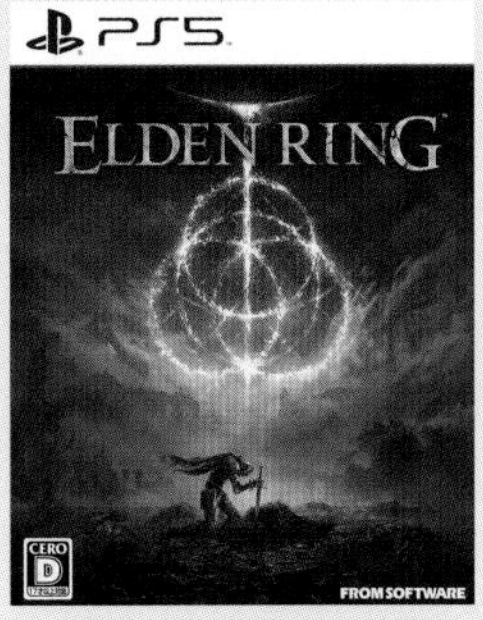

『エルデンリング』
ジャンル：アクションRPG
メーカー：フロム・ソフトウェア
機種：PlayStation4、PlayStation5、Xbox One、Xbox Series X|S、PC
発売日：2022年2月25日

チュロス専門店
PALM TREE 用賀駅前店

〒158-0097
東京都世田谷区用賀4-11-2
篠田ビル1F
☎080-4455-6699
営業時間＝12:00-19:00
定休日＝月・水曜日

PAL

渋-598

第8回

本田礼生流　映画の観方

用賀にある元気な黄色が目印のPALM TREEでチュロス作り体験をした本田さん。実食も終わり、おなかがいっぱいになったところでゲーム以外の「こもりっぱなし」事情をうかがいました。

――撮影お疲れ様でした！

本田　ありがとうございました！

――初チュロス作り&試食を撮らせていただいたので、連載のほうも何か初めてのテーマを話していただくのはいかがでしょうか？

本田　何にしようかな……映画の話をしてもいいですか？

――「こもりっぱなし」のタイトルにぴったりですね。ベタな質問ですけど初めて観た映画は覚えてますか？

本田　覚えてないですねえ。

物心ついたときにはもう映画館に行ってたので、初めて観たのがなんだったかは思い出せないです。

――映画館にはよく行ってたんですか？

本田　めちゃめちゃ行ってました。愛媛の実家から行ける範囲に大きい映画館があるんです。そりゃ行きますよね。田舎に映画館がどーんってあったらみんな行くじゃないですか（笑）。

――あははは（笑）。

本田　小学生のころは校区内・外っていう地域の線引きがあってここから先は子どもだけで行っちゃいけないよ、っていうのがあったんですよ。

子どもだけで遠くに行ってはダメっていう。いまもそうかな？

――休みの日に遊ぶときもダメなんですか？

本田　そうですそうです。親がいないとダメ。で、その映画館がギリギリ校区外だったんです。あえて設定してるんだと思うんですけど。それでもみんな隠れて行っていました。「週末、映画行こうよ！　何やってるか知らないけど」って。

――友達と集まるなら映画館だったんですね。

本田　なんなら4、5人で行って「俺『クローズ』観るわ」「じゃあ俺はディズニー観る」みたいな。

――へえ〜！　その映画の観方憧れます。いつも「これを観よう！」と決めて行ってしまうので。

本田　哀川翔さん主演の『ゼブラーマン』もひとりで観ました。しかも小学生のころ。いま考えると小学生にしては渋いセレクトですよね（笑）。

ほかにレジャー施設がなかったからとりあえずは映画館に行く、行ったら必ず何か上映してるからその中から選ぶというのか当たり前だったんです。

いまは僕も観る作品を決めてから行きますよ。

――行ってから決めるのってたまにハズレだな……って映画があったりしません？

本田　いっぱいありました。携帯なんてなかったから、作品を調べようがなかったですから。しかも子どもだし（笑）。

――タイトルとポスターで決める。

本田　あとCMぐらい。映画館に行って、チラシを見たり、あとポスターの感じとか。当時は役者さんも詳しくは知らないし。唯一知っていたのは『バトル・ロワイアル』に出演していた藤原竜也さんでした。

――弊社作品をありがとうございます（笑）。監督で観る作品を決めることはありますか？

本田　海外作品も含めてまったくないですね。前作がすごく良かった監督でも、次の作品が好みじゃないこともあるじゃないですか。あんまり僕の中ではまだそこまで監督に重きを置けていないというか。役者として観るんじゃなくて一個人の趣味として観る中で、ですけど。

――愛媛で暮らしているときに、映画を観る習慣が根づいたんですね。ドラマは観てましたか？

本田　ドラマは僕の中ではもっとポップなものでした。バラエティーみたいな感じです。学校での次の日の話題と言いますか。

――なるほど。

本田　家族も映画が好きだったから、僕が風邪ひいたりすると映画を10本くらい借りてきてくれて。

家にあるVHSがも擦り切れるまで何回も同じ作品を観たりもしてました。

――それはどんな作品ですか？

本田　『クレヨンしんちゃん』とか、ディズニーとかから始まって。そこから中学生になってくると『スウィングガールズ』とか『リンダ リンダ リンダ』とかにいく。

――だんだん実写になっていったんですね。

本田　そうです、実写になっていきました。それくらいから、字幕で観る楽しさを覚えて洋画を観るようになって。それからはもう洋画洋画洋画。

昔観てあまり良くわからなかった『エイリアン』を観直したりしました。そのころは、映画館に行ったりレンタルして観たりしてました。

――吹き替えじゃなくて、海外の俳優さんが演じている台詞を聞きたかったんですか？

本田　吹き替えはその子どものころから苦手だったんですよ、違う人の声がするのが。なんなら戦隊ものの吹き替えを観るのも違和感がある。

――どのあたりに違和感があるんですか？

本田　吹き替えと知っているからなんだけど、映っている人の声じゃない、っていうのが苦手で。なんでなのか自分でもよくわかってないけど、苦手です。だからなるべく字幕で観たい。

――そうなんですね。

本田　そして役者になってからは、邦画を観ると芝居の勉強として観る癖がついてしまった。だからますます洋画を観るようになりました。

でも最近は洋画を観ても気づくと芝居の勉強になってきちゃっててどうしようって思っています。

――それは気が休まらないですね……!!

本田　映画に限らず配信でもいろんな作品が観られるじゃないですか。たとえば、いま『ペーパー・ハウス』っていう海外ドラマを観てるんですけど、まあ芝居が上手いんですよ。本当に。海外ドラマは数は観てないんですけど、うわ、上手いな！　って思う役者さんがいっぱい出てて。何かで使おうこの動きとか、この溜め方、って思って観てしまうんです（苦笑）。

――自由時間も無意識のうちにお芝居の勉強をしていたんですね。

本田　昔から僕はそうやって芝居を構築してきたんですけど、とうとう洋画でもやってるわ、って思って。

昔は洋画に出てくる海外の文化や話し方と、日本人の動作って全然違ってお芝居には取り入れられないって考えてたから普通に観れてたんです。

――そういう線引きだったんですね。

本田　でも最近は俳優の演技ばっかり目に入っちゃって。「うわ！　次のセリフまでの飲み込み方の感じおしゃれ！」みたいな。

――本田さんの中で変化があったんですか？

本田　自分の芝居の経験値が昔より上がって、自分なりに解釈して落とし込んで、自分のお芝居に出すことが、たぶんできるだろうなと思えるようになったからだと思うんですけど。良くも悪くもそういう風に観ちゃうようになったというのをこの前感じました（笑）。

――もしイチから映画を撮るか舞台を作るかどちらか好きなほうをやって良いって言われたらどちらをやってみたいですか？

本田　もう１２０％舞台です。絶対作れないです、映画は。ただ、１本なんでも出れる、何がいい？　って言われたら映画って言うと思います。

第9回
ギターをはじめた理由

「ACTORS☆LEAGUE in Games 2022」で圧倒的なゲームの実力を見せ、チームを優勝に導いた本田さん。最近新たな趣味が増えたとのことで、お話をうかがいました。

本田　あの、ゲームって時間取られますよね（笑）。

——あははは！　気がついたら1日終わってた、みたいなことありますよね（笑）。

本田　まさに『ＡＰＥＸ』を1日中、ずーっとやっていた日に、ふと、時間は有限なんだと感じたんですよ。

——同じことを感じることがあります。

本田　何か物を作るとか、何か技術を身につけるとか、何でもいいんだけど、ゲームをしている時間で何かを始めたら1年後にどうなっているのかな？　って。それでギターをやってみることにしたんです。

——インドアでできる趣味の中からギターを選んだ理由はありますか？

本田　きっかけは「THE CONVOY SHOW」でご一緒した今村ねずみさんの影響ですね。あと、コンボイの先輩は、ほぼほぼギターが弾けるのでかっこいいって思っていたんです。それと、何かをやりたいっていうふたつの想いがポンっと重なって始めました。

どっちかひとつじゃ始めてなかったと思います。

——ゲームの時間の一部をギターの練習にあてるというのも気になりました。

本田　そもそも映画を観る数が減っていたんですよね。それに小説やショートショートも定期的に読んでいたのも読まなくなってて、自分の芝居感とかエンタメ感を構築してたいろいろなものがなくなってるという事実に気づいてしまったんです。

——『ＡＰＥＸ』にハマりすぎていた（笑）。

本田　知らぬ間に『ＡＰＥＸ』のランクを上げるという目標のために大切なものがなくなっていたみたいな感じに陥っていたのに気づいて、ルールを決めて『ＡＰＥＸ』の時間をメチャメチャ減らしました。1年後に『ＡＰＥＸ』のランクがプレデターになってるのと、1年後にギターがなんとなく弾けるようになってるのどっちがいいだろうって考えたときに、ギターだと思って。

——意識の変化があったんですね。

本田　かといって別にゲームをやる時間を無駄だとはまったく思っていません。ただ比率の問題ですよね。

あまりにもゲームが中心になりすぎていたなと。そしたらまあ見事にギターにハマって、楽しくやっています。

――毎日弾いてるんですか？

本田　はい。お風呂出たあとにじっくり練習することが多いですね。

でも時間を決めているわけではなく弾きたいときに弾いてます。別に弾かない日があってもいいじゃん、くらいの気持ちでやってます。でもいまは楽しくて触っちゃうんですよね〜。

――独学ですか？

本田　独学です。何かの曲が弾きたいわけでもなくて、ただただ音が鳴ることが楽しいです。もちろん曲のコードを見て練習するんですけど、途中で飽きたら違う曲の違うフレーズ弾いて、っていうのをずっと繰り返しています。

――熱中してますね（笑）。

本田　仕事や舞台のときと、ギターを弾いてるときとまったく脳の使い方が違うんですよ。そこも楽しいです。ゲームとちょっと近いところがありますね。

何年か経って見せられるぐらい上手くなってたらいいですけど、それを目標にやってはいない、って感じです。目標にすると仕事になってしまうから何も考えずに楽しめなくなりそうで。

――音に個体差があるんですか？

本田　メチャメチャあります！　見に行っていっぱい弾かせてもらいましたけど持った感触も、弾き心地も、音色はもちろん、全部違うんです。で、僕に一番フィットしたのがスイカでした。

――ギターに「スイカ」って名前をつけてらっしゃるんですよね。

本田　コンボイの先輩方からギターの話をいっぱい聞いていたらなんか物っていう感じがあんまりなくて。生き物とまではいわないですけど、人に近い感じがしたので名前をつけようって思って、パッと浮かんだスイカにしました。

――自分の1本に出会うことができたんですね。

本田　あと「中古のギターは前の持ち主の想いを継いでまた鳴らしてあげようという気持ちになる」「新しいギターは持ち主がたくさん弾くことでその人らしい良い音が鳴るようになる」という話も聞きました。

――そういうことだったんですね。

本田「よし、お前はスイカだ」って感じではなくて、なんとなくそういう風になったっていう感じですね。本当に軽い気持ちで。

――素敵なお話ですね。

本田　僕が持ってるギターはYairi Guitarっていうメーカーのギターなんですけど、聞いた話によると、完成後にホールに並べて24時間モーツァルトを爆音で聴かせてから出荷するらしいんですよ。

――ギターを始めるにあたって、アドバイスとか受けたんですか？

本田「もう1回あの音が聴きたいと思うギターを買え」とか。

――モーツァルトって爆音で聴くものでしたっけ（笑）。

本田　これは科学的に言うと、木でできているので夏と冬とで形が変わるんですよ。夏は湿気でちょっと反って、冬になって乾燥するとちょっと縮むらしいです。
　だから鳴りが変わるわけですよね、1年間で。もうその時点で生き物みたいで面白いじゃないですか。

――本当ですね！

本田　それに加えてモーツァルトを聴かせるっていうのも科学的に言うと、クラシックの響きで木を1回ちゃんと振るわせておくことで、すぐ弾ける状態になるからだそうです。

――根拠がちゃんとあるんですね。

本田　そう、でも根拠なんて本当に小さくて9割作り手側のスピリッツだと思うんですけど（笑）。そのスピリッツをこっちも持っていたいと。

――とても丁寧に接してらっしゃるんですね。

本田　ギタリストの人はすごいんだろうなって思います。始めたばかりの僕でもそう感じる。本当に日によって鳴りが違うんですよね。

――すでに体感されてるんですか⁉

本田　チューニングの加減や自分のメンタルもあるんでしょうけど、やっぱりギターと自分の相性も日によって違うんだなって感じはします。

――お互いのコンディションが。

本田　あるんだなって。そういう心持ちのほうがギターにとってもいいだろうし、先輩たちから聞くギターに対する想いが、いわゆる〝物〟に対する感じだとは思えなくて自然と名前をつけていました。

――パートナーですね。

本田　まだ続ける自信がなかったので、本当は買わないつもりだったんですけどいきなり買っちゃいました。

――出会ってしまった（笑）。

本田　最初は見た目だけで探してたんですよ。それでこれだ、っていうのがあってお店でじゃららら～って弾いてみたんですけど、弾いた瞬間に違うな、って思ったんですよね。

――音ですか？　雰囲気とか？

本田　全部です。それまで弾いてたギターよりは確実に良い音してるんですよ。持ちやすいし弾きやすいけど……。でも違う、もっと感動すると思ったんだよな、って思ったんです。そうしたら店員さんも、一緒に行ってくれた（野口）準もギターめちゃめちゃ知ってる人だからわかったんでしょうね。ほかのギターを勧めてくれていっぱい試し弾きしていたら、目の前にあったスイカにふと目が留まったんです。あの色だし。

――存在感がありますよね。

本田　それで触って弾いてみたときに「ああ、これです」って感じて決まりました。
　そこからもいろいろ悩んだんですよ。最初に選んだやつに返ってみたりしていっぱい弾きました。やっぱりスイカだよな、でもほしかったやつと全然違うんだよな～でもこれだな、ってなっちゃってその日に買って帰りました（笑）。

第10回

歴代『デジモン』シリーズを語る

本田さん世代といえば、の有名作品が5年ぶりに新作ゲームソフトを発売！　歴代作品の思い出や分析をうかがいました。

——時間を減らしていると話していた次の回で恐縮なんですけど、久しぶりにゲームのお話を聞かせていただけますか？

本田　僕、ずっと待っているゲームがあるんです。『デジモンサヴァイブ』っていうんですけど。

——2022年7月28日発売の作品ですね！

本田　公式ホームページがオープンした日から今年の4月まで、ずっと発売日未定のままになっていたんです。結果的に4年間も僕は待っていた。というのをここで言っておきますね（笑）。

——2018年から！　制作発表されたときはどんな気持ちだったんですか。

本田　うわ、『デジモン』をPS4で？　って思ったんですよね。それまでは内容もハードも子ども向けで出すことが多かったのに。キャッチも「異世界に迷い込んだ僕は、不思議なモンスターと出会った」って若干シリアスで大人向けにくるのかなと。イラストもとても良いですよね。

——2020年の更新から2年近く音沙汰がないと不吉な予感がしますね。

本田　たぶんコロナが直撃して苦戦してるんだろうという空気がありました。流れるなら流れるって言ってくれとも（笑）。

——あははは（笑）。

本田　これの前に『デジモンストーリー　サイバースルゥース』っていうゲームがありまして、それが本当に素晴らしい作品だったんですよ。がちがちの大人向け、ひとりでプレイしててちょっと勘弁してくれって思うくらい怖いシーンが入ってて、今回はそれに続く感じだなって思っています。

——『デジモン』との最初の思い出は覚えていますか？

本田　一番最初の出会いはガチャッとくっつけると対戦できる『デジモンペンデュラム』でした。僕が小学校1年生くらいのときに遊んでいて、そのあとプレステで『デジモンワールド』が発売されたんです。それがいまやっても神ゲーっていわれるくらい、究極の神ゲーだったんですよ。もともと『デジモンワールド』初代って、移動するとデジモンがついてきたり、育成をして何回叱ったっていうデータが進化先とか能力値を決めるゲームだったんです。

――それは育てがいがありますね。

本田　でも『デジモンワールド2』でいきなりコマンドアクションになるんです。いわゆるポケモンみたいな戦闘になって、進化もレベルシステムになって、大炎上した。いきなりシステムが変わって、『デジモンワールド3』も同じシステムで。みんなどうしてあのときの『デジモンワールド』の続編を作らないんだって言ってましたね。

――まったく違うシステムに方向転換してしまった。

本田　2016年に『デジモンワールド-next 0rder-』が発売されて、それが、原点回帰っていうのをテーマにしているんですよ。みんなが大好きな20年以上前のあの『デジモンワールド』をもう一回つくりますと。でも〝うーん、おしい、あのころの『デジモン』には勝てない〟と感じました。

――初代作品の壁は高いですね。

本田　それとは別のシリーズでRPGの『デジモンストーリー』シリーズっていうのがあったんですよ。その中の『デジモンワールドサイバースルゥース』は、「あのときの『デジモン』ファンに向けて」というコンセプトだったんですよ。それがとても完成度の高いゲームで、『デジモン』ファンたちが、いまだに超えられない初代プレステの『デジモンワールド』に唯一近づいた、できるじゃん『デジモン』！って手をたたいたあの作品。意外とこういうのを期待してたんですよね。僕は『デジモン』『ポケモン』世代なので。

――ほかに良かった『デジモン』作品はありますか？

本田　その続編の『ハッカーズメモリー』っていうのもなかなか面白くて。さっきも話したようにホラー要素もあり、戦略性もあるし、ごり押しでもいけるからだれでもクリアできるようにはなってるけど、話の内容が大人向けというか。こういう『デジモン』も面白いなって思った作品でしたね。『デジモン』シリーズでは僕はトップ3に入るくらい好きなゲームですね。いろいろプレイしたな、ワンダースワンとか。

――『デジモンアドベンチャー』シリーズ、ありました。

本田　制作陣が色々試してるんですよ。『デジモン』のアニメに寄せたほうがいいのか、コンセプトに寄せたほうがいいのか。『デジモンチャンピオンシップ』はまったくストーリーもない、デジモンも喋らない、戦闘も自分で操作できない、育成だけする自動操作のゲームなんですけど、「ああ、デジモンしてるな」っていうかなりいいクオリティのゲームでした。あれはもう2Dのドットならではのゲームなので、リメイクしてもいいんじゃないかなって思いますね。『デジモン』入門にはいい作品です。

――自分で選択して遊べるところってどこなんですか？

本田　育成ですね。たまごっちみたいなもので、タッチペンでデジモンを育成するための部屋にいれて、疲れたら回復の部屋に入れて、何日かすごして、大会があるからスケジュールに入れて、大会始まったら見てるだけ。その絵がまたかわいくて。ちっちゃいデジモンたちが戦ってて、勝ったらひたすら休ませるっていうのを繰り返していくゲームなんですけど、それが当時の『デジモン』の世界のコンセプトにすごい合っていて一番面白かった。何回もやっています。

——『ポケモン』か『デジモン』かみたいな時代ありましたよね。

本田　ありました。惜しかった！　映画もたくさん出していたあのころを青春で生きていました。いまや圧倒的な差がついちゃいましたよね（笑）。やっぱりゲームのシステムを変え過ぎたっていうのが良くなかったのかな。

——『デジモンワールド2』ですね。

本田　僕の意見としてはアニメに近付け過ぎたのが失敗だと思っていて。『ポケモン』のすごいところはゲームがアニメに寄らないところだと思うんですよ。アニメがゲームのところをかすっていく。

——絶対ゲームが先に出ますよね。

本田　だからゲームの『ポケモン』ではピカチュウって優遇されてなくて、御三家にずっと入り続けるとかもない。あくまでゲームが中心にいる。『ポケットモンスター　Let's Go! ピカチュウ』とかは別ですけどね。

——たしかに。

本田　でも『デジモン』は逆で、アニメに寄せているんです。アニメキャラクターがゲームにいっぱい出てくるし、メインキャラクターになるデジモンがだいたい同じだったりする。そこが『ポケモン』に負けたところかなって思ったりしました。

——いまのお話もそうですし、ゲームもシリーズを全部プレイして分析されてるからしっかりと自分の意見がありますよね。

本田　飛ばしたりもしますよ。これは、やってないなっていうのはあったりしますけど、ひっかかったらやるっていう感じですかね。途中で折れちゃったシリーズもあります。

——『デジモン』次回作も出たら買いますか？

本田　買います（食い気味に）。

——あははは（笑）。

本田　新規に入ってくる若いファンっているのかな。僕ぐらいが最年少じゃないのかなって思うくらい。

——新規ファン増えてほしいですね。

本田　あの当時を知っている人たちはやっぱり買っちゃうと思います。

——映像ではなくゲームで新規ストーリーを出しているのかなと思いました。

本田　そんな感じですね。本当に懐かしさ、あのときのワクワクをまた感じるためにやってるゲームなので、僕の大好きなブイモンが出る限りは僕はやると思います（笑）。

Information

『デジモンサヴァイブ』
ジャンル：テキストアドベンチャー＆タクティクスバトル
メーカー：バンダイナムコエンターテインメント
機種：PlayStation4、Nintendo Switch
発売日：2022年7月28日

第11回 印象に残っている映画3選

第8回では本田さんがどのように映画を観てきたのかに触れました。今回はさらに踏み込み、印象に残っている映画作品をうかがいました。

——いままで観た中で強く印象に残っている映画を教えていただけますか？

本田　たくさんありますがまずは『ユージュアル・サスペクツ』。この映画を観て僕の芝居感やエンタメ感が確立、って言ったら大袈裟ですけど、芯が1本できました。あと、裏切られるのもここまできれいに裏切られると気持ちがいいんだなって（笑）。

——爽快感がありますよね。

本田　いろんな解釈があると思うんですが、僕はもう全部どうでもいい2時間半だったたっていう解釈。結局事実か事実じゃないかわからないじゃないですか。

——映像をそのまま信じてしまってました（笑）。

本田　ケビン・スペイシー演じるヴァーバル・キントが取り調べをされているときに、目に入ったものから話を構築していく。名前だけ変えてるとか、自分に都合の良いように作ったとかいろんな解釈はあると思うんですけど、そう考えている時点でまったく事実と関係のない話だったんだ！　って気付くのもある種気持ちがいいじゃないですか。「あははは、マジかよ！」みたいなエンタメ（笑）。

——たしかにそうですね！

本田　僕が昔から映画が好きなのは人生だったりとか生きざまだったりとか、すごく太い芯があるものが観たいからなんですけど、真逆ですよね。芯も何もない。

——その辺にあるものから1本話ができてしまう。

本田　そう、それが衝撃でした。物語って最初と最後で話しがちじゃないですか。そうではなくて過程が大事なんだというのをすごく感じました。

——もう1本あげるとしたらどの作品ですか？

本田　『セッション』という生徒を自殺にまで追い込んでしまうようなすごくスパルタな音楽の先生・フレッチャーと、生徒でドラマーのニーマンの話です。

——音楽の指導でスパルタってあるんですね。

本田　ニーマンも負けじと頑張るんだけど、指導があまりにも酷すぎてフレッチャーを告発して、先生はクビになってしまう。数年後、ジャズバーで働いてた先生と再会したときに今度ジャズバンドするんだけどお前も出てみないかって誘われて。でも本番の日にニーマンにだけわざとまったく違う譜面を渡すんです。いきなり本番では弾けないから、一度はけようとするんですけど、舞台に戻ってアドリブで弾き始める。そしたら周りはプロのジャズ奏者だから合わせられるんですよ。

——先生はどうするんですか!?

本田　ニーマンに合わせて指揮をするところで終わるんです。とくに言葉も何もなく。だから『セッション』。ただそこに対する解釈や感じ方が人によって変わるんです。

——本田さんの解釈は？

本田　僕はすんごい音楽好きなふたり、っていう解釈でした。指導のトラウマとか、クビにされた復讐をしてやる、とかどれだけグチャグチャしててもすごくいい音楽を目の前にしたふたりは交わる瞬間がある。そこが気持ちいいし、かっこよかったんだけど、役者友達に聞くと「いや、もう辛くて見ていられなかった」って。

——真逆の反応ですね。

本田　本当にすごい辛い映画なんですよ、指導するシーンとか。でもいわゆる投げっぱなしの映画じゃなくてちゃんと最後まで作り切ったうえで人によって解釈がわかれるのが面白い！　と思いました。挑戦的といえば挑戦的ですし、万人に好かれようともしてないのに挑戦的すぎないというか。なのに観てるほうが色々考えちゃうっていう。

——作ってる人たちがどう思ってたのかは気になりますね。

本田　僕が以前出演した『TRANS -トランス-』という舞台に少し近いものがありました。僕らはこうだって思ってやってるけれど、観てるお客さんによっては真逆の解釈になり得るかもなっていう舞台だったんです。『セッション』との出会いのほうが先だったので、解釈の違いってそういうことか、そういうエンタメもあるんだって身に染みて感じました。

——どちらも少し前の作品でした。

本田　これ偏見かもしれないですけど、めちゃめちゃ映画を作ってて楽しんでるんだろうなっていう時代があるような気がしてて。

——過去にその時代があったということですか？

本田　そうです。僕は圧倒的に洋画を観ているので洋画の印象になってしまうんですけれど、この時代は映画をクリエイティブするのをみんなが楽しんでるっていう。2000年とかもギリギリそうかも。あの辺の映画は特に好きです。映画を観る前に公開された年を確認したりしますもん。楽しんでるっていうのはハッピーだけじゃなくて熱。それを感じるのが好きだったりします。

——縛られてないみたいなことですか？

本田　そう！　そういう感じです。……いまって、良くも悪くも昔のような映画作りはできないんじゃないかなぁ。いまは、いまの良さを探していくべきだと思うんですが、僕はその時代の映画を観るのが好きなんですよねぇ。

——最後に学生のころに観て印象に残っている映画はありますか？

本田　高校生のときに出会った『バーレスク』ですね。

——アリが初めてお店に入ってバーレスクを見た瞬間のナンバーに圧倒されました。

本田　「Welcome To Burlesque」ですよね！　あれはかっこいい！　オープニングで「something's Hor a Hold On Me」を歌うシー

ンあるじゃないですか。あそこと「Welcome To Burlesque」観たときにもう絶対面白いこの映画、って確信しました。

――劇場で観たんですか？

本田　いや、DVDです。僕そのとき、ガチガチにダンスをやっていたときで、みんなに観たほうがいいって言われたんです。それで気にはなりつつも踊ってるジャンルが違うからそのときは、観なかったんですけど、あるとき、ふとレンタルしてみたら人生の1本になりました。

――人生の1本になるほどの衝撃があったんですね。

本田　夏休みだったかな、夜にひとりで観始めて、そのままノンストップでもう1回観てしまいました！　終わったら夜中の3時（笑）。ノンストップで続けてもう1回観た映画は初めてでした。

――すぐ2回目を観るほどに刺さったのはなぜだと思いますか？

本田　ただのダンスやっていたころで深く考えないで観ていたからこそ好きになれたんだと思います。ストーリーは王道中の王道なので（笑）。ただあの歌唱力はいま観てもしびれるものがあります。

――いま役者としてお仕事されている視点と、昔のダンスに熱中していたときの視点で見方が変わったところはありますか？

本田　めちゃめちゃあります。いまは自分ができるかどうかっていう目線で観てしまいます。それは同じ曲で同じように踊れるかではなくて、たとえば導入で主人公が僕のナンバーを見て憧れる、っていうシーンがあったら「Welcome To Burlesque」みたいな印象をお客さんに与えないといけない。そのときにあの雰囲気出せるのかな、っていう目線で観ちゃうようになりました。

――いつもストイックな本田さんらしいです。

本田　さらに言うと舞台で踊るナンバーは『バーレスク』のあのシーンのああいう雰囲気で踊ろう、とかっていう参考資料にもなっています。そういう目線でも見るようになりましたね。

Information

『ユージュアル・サスペクツ』
公開：1995年
監督：ブライアン・シンガー
配給：アスミック

『セッション』
公開：2014年
監督：デイミアン・チャゼル
配給：ギャガ

『バーレスク』公開：2010年
監督：スティーヴ・アンティン
配給：ソニー・ピクチャーズ エンタテインメント

第12回

オンライン対戦の楽しみ方

いまでは当たり前となったオンライン対戦。友人はもちろん、国を超えて同じ趣味を持つ人と遊べるこのシステムの楽しみ方を本田さんにうかがいました！

本田　8月末に出た『地球防衛軍6』を事前ダウンロードして、最後までフルコンプしました。3日くらいで全部クリアしちゃって。

——クリアするの早すぎます！（笑）

本田　全クリするとハーデスト、インフェルノってふたつ難易度が解放されるんですけど、インフェルノを全部クリアしたのは1ヶ月後くらいでした。ただこのふたつは本当に難しくて。そのステージのゲーム性を全部わかったうえで立ち回らないと絶対勝てないようになっているので、制作者さんの愛を感じます。そのやり込みが醍醐味なんです。

——初めてプレイしたときのことは覚えてますか？

本田　『地球防衛軍』の出会いは僕が小学校低学年のころです。『ジャンプ』の巻末にシンプルシリーズの広告があって、オセロとか将棋とかそういうラインナップの中に『地球防衛軍』が出てたんです。2000円だったと頑張って買ってみたらめちゃめちゃ面白くて。

——小学生にとって2000円は大金ですよね。

本田　シンプルシリーズの中でも結構異例で、続編が出たんですよ。『地球防衛軍3』が出るころにだんだんネットが盛んになってきて、調べてみたら僕と同じ境遇の人がいっぱいいて。お金はあんまりないけどクソゲーを覚悟してとりあえず買ってみたら面白かったと。そこから口コミで人気が爆発していったんです。

——そうだったんですか。

本田　でもこれから始めるのは結構ハードルが高いかもしれません。なんでかというと全然快適じゃないし、優しくない（笑）。懐かしさを感じられるゲームなんですよね。アイテムが自動回収されないところとかちょっと古臭いのが『地球防衛軍』シリーズの良さでもあるし、そこを改善しないところにもみんな愛着を持っている。

——ほかに好きなところはありますか？

本田　大量に出てくる敵を撃破していく爽快感があるので〝無双〟シリーズにすごく近くて、そこにB級映画の主人公になった気分をみんなで味わえるゲームです。途中でコンピューターが明らかに死にフラグをしゃべったりするんですよ。「この戦闘が終わったら妻に○○をプレゼントしてやるんだ」とか。こいつ絶対死ぬじゃん！っていうのをポップに楽しむ感じです。

――『地球防衛軍』シリーズって敵キャラクターに巨大な虫がいますよね。本田さんは虫がかなり苦手かと思うのですが大丈夫なんですか？（笑）

本田　前に海外版『地球防衛軍』のゲームが発売されたんですよ。『EARTH DEFENSE FORCE IRON RAIN』っていうんですけど、それは日本ではあまり人気が出なかった。なんでかっていうとちょっと虫がリアルなんです。もう本当にちょっとなんですけどね。ちょっとした挙動、質感がリアル。あと何虫？これ？っていう感じの虫も出てきちゃったりするんですよ、カメムシっぽいやつとか。やっぱり大半の日本人はそこを避けるというか。これ国民性の違いだなって思って。

――『地球防衛軍』のほうは敵キャラクターの見た目がメカっぽいですよね。

本田　そうです、そうです。新しい作品も昔PS2で表現できた範囲のテクスチャーのまま作ってるんですよね。そんなにリアルじゃないというか。それにせいぜい出てきてダンゴムシ、ハチ、クモぐらいまでなんですよね。クモって言っても本当に巨大生物クモ、みたいなウルトラマンに出てきそうな感じのクモだったりするからそこは多分繊細に考えているんだろうなと再認識しました。動きにリアルさとかがないから、プレイできる。絶対にゴキブリ出さないし。そんなところが素晴らしいと思うんです。

――なるほど！

本田　見てるだけでうわ～っていうのは出さない。チャカチャカチャカチャカってくるから気持ち悪いですけど、できるくらい。リアルさがない、まったく。絵はどうしても綺麗になっちゃってるけどアリ、って感じ。

――オンライン対戦はどうですか？

本田　オンラインになるともっと本気で遊べるゲームですね。みんな本当にプレイヤー？ってくらいその世界に入り込んでいてチャットにセリフを打ち込んだり、ひとり死んだらみんなが助けに来たり。「お前はまだここで死ぬべきじゃない！」「ウォー!!」みたいな（笑）。

――あははは！（笑）

本田　それで助けられたプレイヤーが起き上がって「ＥＤＦ！」ってチャットしたらみんなで「ＥＤＦ！」って返す、みたいな。「EARTH DEFENSE FORCE」っていう軍隊に所属してる設定なので、「地球守るぞー!!」ってみんなで鼓舞してる感じがとてもいいんです。

――コールアンドレスポンスみたいです。

本田　それを楽しむゲームでもあります。めちゃめちゃ平和なんですよ。それはやっぱりプレイヤーが仲間になるからなせる業。『地球防衛軍』シリーズで荒れてるところは1回も見たことないくらいです。

――『モンスターハンターライズ』はアプデのたびに集会所の注意書きが長くなっていきますもんね。

本田　年齢層が低めなのもあるのかな。それでいうと『APEX LRGENDS（以下、ＡＰＥＸ）』は大人が荒れてる分タチが悪い。たとえば、プレイ中にケンカになって、射撃場っていう練習場所でタイマン張ったりする人もいます（笑）。

――初めましての人とケンカになるんですか!?

本田　はい。そうなると「じゃあ僕審判します」って見て楽しんでます（笑）。

――『APEX』は完全にオンラインゲームですよね。

本田　日本サーバーは世界一強いと言われているので、アジアとか、たまにすごい遠くの人が修行しに来たりしています。だからゲームは国境ないなって思います。いまアジア圏内ってあんまり仲良くないとされてるじゃないですか。でもみんな「JAPAN LOVE」って言ってくれるし、僕らもチャットに「gg（good game）」って打って「ありがとう」「楽しいね」って伝えます。

――素敵な文化ですね。上手い人の配信は観たりしますか？

本田　自分が始めたものの頂点を観るってやっぱり面白くて観ています。でも同時にこうはなりたくないなとも思います（笑）。

――目標にはしないんですか？

本田　0・1秒の判断ミスで全滅したり、逆に勝ったりして一喜一憂する感情の幅が俺らの何倍もすごいわけじゃないですか。本気になりすぎちゃって、ボーとしてるときとかにふと気がつくと立ち回りを考えてたりするんですよ（笑）。

――日常生活にも影響が……。

本田　それで前お話したように本気でランクを上げるのはやめて、負けてもいいや、ランク落ちてもいいやのテンションでたまにやっています。『APEX』って、嘘か本当かわからないんですけどプロのプレイヤーが軍の戦略立てるところに引き抜かれたという噂があるんです。チームにひとり戦略を立てるIGL（In Game Leader）がいて、その人が右に行くって言ったら絶対みんなで右に行かないと、1秒2秒の勝負なので「いや左に行ったほうがいいんじゃない？」って言ってる間に死んじゃう。だからそのIGLは本当にいろんなことが見えてないとできないんです。だから、かなり信憑性は高い話なんじゃないかと個人的には思っています。すごいですよね。

Information

『地球防衛軍6』
ジャンル：3Dアクションシューティング
メーカー：ディースリー・パブリッシャー
機種：PlayStation4、PlayStation5
発売日：2022年8月25日

『APEX LEGENDS』
ジャンル：マルチプレイヤー
コンピューターゲーム
メーカー：エレクトロニック・アーツ
機種：PlayStation4、PlayStation5、
Xbox One、Xbox Series X|S、
Nintendo Switch、PC
発売日：2019年2月4日

最終回

夢がかなった初連載

オフの時間に楽しんでいることをうかがう「本田礼生のこもりっぱなし」。最終回となる今回は初めての連載をふりかえっていただきました。

――残念なお知らせがありまして……。『CONTINUE』が次号からリニューアルすることを受けて今回で連載を最終回とさせていただきたいんです……。

本田　ええー！

――驚かせてしまいすみません。2年と少しの連載はいかがでしたか？

本田　これが初めての連載でしたし、ゲームに関わるお仕事をするっていうのが僕の夢であり、ひとつの目標で叶えばいいなって思っていたことだったので実現できて嬉しかったです。

――夢を叶えるお手伝いができて良かったです!!

本田　しかも自分を応援してくれている人たちにゲームの良さを説明するっていうところじゃなくて、もうひとつ深く、知ってるよねこの話っていうくらいのテンションでコアな話をさせてもらったりもできたので、それはそれはめちゃくちゃテンションあがる仕事でした。

――こちらこそありがとうございます。本田さんは話すのがお上手なのでご自分で書けたんじゃないかなとも思いましたがいかがですか？

本田　書けなくはないと思うんですけど、話すよりも言葉が自由に出てこない気がしていて。考えすぎちゃうし、それになんか面白いこと書きたくなっちゃうんですよ。笑えることとか、ひねったこととか。あと、すごく時間がかかると思うんです。なので無理ですね。きっと（笑）。

――『大乱闘スマッシュブラザーズ』や『鉄拳』、あと『APEX』では一対一の勝ち負けを楽しんでいるのかなとも思うんですけど、賭け事とはまた違うんですか？

本田　全然しないです。

――そういうスリルを求めているわけではないんですね。

本田　ギャンブルって基本的に自分の力じゃどうにもならないところがあるじゃないですか。それが嫌なんですよ。でも自分がプレイして勝ったらいくら、負けたらいくら、だったらはまっちゃうかもしれません（笑）。でも基本的に ギャンブルってポーカーとかも、最後は運じゃないかなと思ってしまうんですよね。

――確率を引けたか、どのカードが配られた

かに左右される部分が大きそうです（笑）。

本田　ダメだったときに自分のせいにできないところがあるというか。ゲームは負けたら全部自分のミス、相手のほうがすごかった、で終わるじゃないですか。

――なるほど。

本田　写真集（『I'm here』）の撮影でラスベガス行ったときにカジノで遊んでみたんですけど、あれはもうその世界、その空間を楽しむものだと思って行きました。

――どのゲームをしたんですか？

本田　ルーレットです。あの空間を味わえるっていうのと、もう一生ラスベガスには行かないだろうしって思って。とは言ってもマシンのですけど（笑）。

――日本ではまだできない経験ですよね。無事でしたか？

本田　最初に使う金額を決めて行きました。増えても使い切るっていうぐらい。

――なるほど。当たりました？

本田　ルーレットをやっていたら、10倍になったんですよ、1回。

――10倍!?

本田　でも倍になっちゃったどうしよう、ってよぎった瞬間にぶわーって負けて行って。よぎっちゃダメなんだ、ってわかりました。倍になった持って帰ろうかなって思っちゃうじゃないですか。

でもちゃんと使い切って終わりました。楽しく遊んだ感じです。

――初志貫徹で負けていないのがさすがです（笑）。俳優で同い年の梅津瑞樹さんは『CONTINUE』で「残機1」を連載されていましたが意識されたりしましたか？

本田　そういった意味での意識はまったくしていなかったです。でもお互いにちょっと惹かれ合ってるのを感じるんですよ。いや、お互いにっていうのは違うかなあ。

――そうなんですか！「ACTORS☆LEAGUE in Games」で初共演されていましたよね。

本田　同じチームだったんですが、実はあんまり話す機会がなくてそんなに親しくはなれていないんです。でも幼馴染の蒼木陣から僕と梅津くんは、絶対に合う！ってずっと言われていて。

――梅津さんのどのあたりに惹かれているんですか？

本田　しゃべっている空気感とか、表現とかエンタメに関して好きなものが近いんだろうなって感じがしています。

一度梅津さんが出演されていた舞台『刀剣乱舞』を観に行かせていただいて、もう本当に素晴らしくて早く一緒にお芝居したいなって思っています。

――私たちも楽しみにしています。

本田　1回共演すればね、っていう距離感なんです。役者の面白いところで、作品で共演するのと、イベントとかでお会いするのとでは少し違うんですよね。作品でご一緒してみたときに、その人と上手くいくかわかるんです。

――お芝居を通して相手のことを知っていく

んですね。

本田　梅津さんのお芝居はとても好きです。それに共演してないのにここまで語れる人ってあまりいないです（笑）。

一応LINEは知ってるんですけど1回も送ったことがないのでいつか連絡してみたいと思います（笑）。

――続報が気になります（笑）。撮影もたくさんさせていただきました。

本田　ボルダリング楽しかったです！

――タイトルが「こもりっぱなし」なので、撮影では「外に連れ出そう」というコンセプトがありました。

本田　実は、やりたいことがあったんですよね。

――何ですか？

本田　僕は格闘技を観るのも好きなのでスパーリングをやってみたいんです。

昔柔道をやってたんですけど、いわゆる格闘技は1回もやったことがなくて。殴られたいし、殴ってみたい。でもそれは決して暴力的なことじゃなくて、スポーツとして、自分が観ている格闘技ってどういうもので、どれくらい怖くて、どれくらい痛くて、どれくらい難しいのかっていうのを知りたい。

だからミット打ちとかサンドバッグじゃ意味ないんですよね。トレーナーさんに僕のパンチをあしらってほしい。

――本当に対戦がしたいんですね。

本田　どれくらい自分ができないかっていうのも知りたくて。全然有名じゃない選手も観たりするくらい好きなんですけど、トップの選手とまだこれから上がっていく選手の対戦って素人の目から見てもすごい差があるわけじゃないですか。

じゃあ自分はどのへんなんだろうって思って（笑）。

――観ているとやりたくなりますよね。

本田　人より運動神経あるし、アクロバットもダンスもやってたから体も動くと思ってるけど、それでもどれくらいできないんだろうっていう。

できるわけないんですけど、でも格闘技をずっと観てきたから変に知識はあるじゃないですか。それがどれくらい通用するのかなっていうのがずっと気になっています。

――それは実現したいです！　でもお仕事柄アザとか作れないと思うのでタイミングを見計らって。

本田　打ちどころが悪いと骨にヒビ入っちゃいました、とかもあるかもしれないし。でも夢なんですよ。いつかやってみたい。殺さないでくださいね、ただ僕も本気で行きますよ、って（笑）。それくらい差があると思うんですよ。

――連載は残念ながら終わってしまいますが、スパーリング体験はやりましょう！（笑）

本田　ぜひ！　ほかにも何か面白いことやりたいですね！

Other cut collection

START
START
START
START
START

渋-598

「本田礼生のこもりっぱなし」書きおろし

これまでの趣味、これからの趣味

——これまで現在好きなことを中心にお話をうかがってきたので、今回はいままでの趣味とこれから趣味になりそうなことを教えていただきたいです。まずは過去にはまったことをお願いします。

本田　昔はまってたのはDTM（音楽制作）ですね。

——DTMが趣味の人に会ったのは初めてなんですけど、とても難しそうという印象です。

本田　学生のときプログラミング系の学科だったのでそのときの知識に助けられてます。もともとパソコンを触って物を知っていく作業や、そのパソコンをどう生かしていくか考えるのが好きだったのも大きいですね。

——パソコンは初めて触ったのはいつだったんですか？

本田　え～何歳だろう……小学6年生のころかな。

——早いですね。

本田　きっかけはダンスのショーを作るために楽曲をアレンジしたときです。最初はカセットテープを切ったり貼ったりしてやってたんですけど、パソコンあるじゃん！　と思って調べてたら波形編集ソフト「オーダーシティ」を見つけて。

やっと使いこなせたのが中1か中2かぐらいのときでした。

——何年もかかけて学んだ。

本田　ブレイクダンスって〝どぅーん〟なのか、〝つっ〟なのかとか音で判断していくんですけど、そのうち、この好きな〝どぅーん〟って音が2回来ないかな、とか思うようになったんです。その波形を切ったり貼ったりして編集していたら、あれ、音楽になるって気付いて。

——学校で学ぶことを自分で見つけてしまったんですね（笑）。

本田　いろいろ調べてみたら波形編集ソフトはできあがってるものを切ったり貼ったり、エフェクトかけたりするのが限界なんですけど、そもそもこの音、曲を作るためのソフトがあるんだっていうのがDTMとの出会いでした。そこからですね、はまっていったのは。

——完全にオリジナルの曲を作ったことはありますか？

本田　いっぱいあります。ダンスバトルってDJが即興で流してる曲に合わせてアドリブでダンスをするんですよ。だから曲の構成とか、どういう音が鳴ってるかを何千曲何万曲聴くうちにだいたいこういう曲ってこう展開するよねっていうセオリーが自分の中に蓄積されていきました。

――本田さんが作った曲で踊ったことはあるんですか？

本田　ダンスショーは自分たちで曲を持って行くので、自作の曲で踊ったこともあります。いま聴くと聴いていられないような曲ですけど（笑）。

――曲の評価はどうでしたか？

本田　基本的に自分が当時好きだった曲をベースにして、それに楽器の音をたくさん付け足していたので、僕が作ったとは思われてなかったですね。

というのが趣味で、DTMは18歳くらいまでずっとやってました。そのときは無料ソフトで作っていました。

――フリーソフトがあるんですね。

本田　でもいまは有料で！（笑）。やっぱり有料ソフトって本当に強いんですよ。

――使いやすくなってたりするんですか？

本田　使いやすいというよりは、ずるい（笑）。最初は一音一音打ち込んでいってすごくシンプルな状態ができて、そこからいろんなエフェクトとかを入れて綺麗にしていく作業が無料ソフトには必須なんですけど、それが有料ソフトにはすでに音が綺麗な状態であるからその工程が省けるので、それが有料ソフトってことなんだなって思いました（笑）。

――次は10年後、20年後にこんな趣味やってそうだな、ということはありますか？

本田　ん〜。100％趣味は増えていきますよね。何でも手を出しちゃうから。なんだろうな〜全然想像つかないですね（笑）。やってみたいのは、サックスとピアノ、キーボードかな。

――弾ける楽器を増やしていきたいんですね。

本田　40歳ではやってないと思いますけどね。もうちょっとあとになりそうですけどやってみたいんですよね。

――弾きたいジャンルは決まってるんですか？

本田　ジャズがやりたいです。

人生で最もDVDを借りてた小学生ぐらいのころ『スウィングガールズ』を観ていいなって思ったんです。サックスとかブラスバンドの奏でる音とか曲が好きなんだって初めて気付きました。

――ほかにジャズで使う楽器っていうと何があるんでしょう。

本田　ピアノ、ベース、ドラムは必須なんじゃないですかね。

――ドラムもやってみたいですか？

本田　それはないです。デカい（笑）。ひっそりとやりたいので自分がドラム叩いている人生は100％ないですね。

――断言ですか（笑）。

本田　ドラムがいてほしい、はあるかもしれないですけど。それならベースのほうが興味あります。

――DTMもそうですし音楽に興味があるんですか？

本田　ひとりで何か作るのが好きでそれが趣味になることが多いかもしれません。

――創作だと……絵を描くのはどうですか？

本田　絵を描きたいっていうのはめちゃめちゃ思うんです。でもまだエンジンがかかってなくて。

ただエンジンがかかったら止まらなくなりそうです。画材とかいろいろ買ってるだろうな。まず道具から（笑）。

――小さいころから絵を描くのは好きだったんですか？

本田　ダンスを始める前に絵を描いてた時期ありましたよ。ずーーーっと。模写ですけどね。それこそ『デジモン』のブイモンとか。暇があればリビングで紙を広げて絵を描いてたのを覚えてます。

――そのときは鉛筆で描いていたんですか？

本田　鉛筆です。その当時からセンスないな～とは思ってました。なにごともセンスはないんですよ。

――え？　そうなんですか？　何でもできちゃうっておっしゃっていたのでセンスがあるのかなと。

本田　僕はどちらかというと、たとえば絵なら構図だったり、色の使い方や影のつけ方とかっていう知識を取り入れるスピードが速いって感じです。

本質にたどり着くまでの手段を選ぶスピードが速いんだろうなって思います。たとえば卓球とか、まったく習ったことないんですけど、結構強いんですよ。こういう向きでこういう回転かけたら、これくらい飛ぶんだっていうのを何回かやるとすぐわかってくるっていうか。

――数回でですか⁉

本田　その微調整が速いってだけで。僕の思うセンスがある人って知識とか手段をまったく知らずになんとなくできちゃう人なんじゃないかと思います。

――なるほど。

本田　僕は「なんとなくできる」を信じてなくて、それだとまぐれとか奇跡じゃないですか。それを奇跡じゃなくいつやってもできちゃう人はセンスがあるんだなって思います。だから絵を描くエンジンがかかってないって言ったのは、ちょっと勉強したいからなんですよ。絵って何なの、イラストはなんでこういう風に見えるんだろうっていうのがわからないので、それをちょっとでも知ろうとしたらもう始まっちゃいそうです（笑）。

――さきほどパソコンでの作業が本田さんにとって身近だということでしたが、イラストもパソコンで描き始めるんですか？

本田　紙で描くのが好きだったのでまず紙から入るでしょうね。iPadに早めに移行するとは思いますけど。

最初は絵を描くの楽しいって思いながら始めていくんじゃないですかね。

――そこが大切ですよね。

本田　でもたぶんそのうちですよ。そのうちって感じ。

――本当ですか。楽しみです。

本田　世に出すかはわからないですけど（笑）。

「本田礼生のこもりっぱなし」書きおろし

ゲームの可能性

――以前インタビューのときに「ゲームがエンターテインメントの中で一番表現できることが多いと思う」とおっしゃっていたのがすごく気になっていて、書籍化の機会におうかがいしたいんですけど、どういうことだったんでしょうか？

本田　ひとつめはストーリーを伝えるのに舞台とか映画、ドラマ、ゲーム、いろんな手法がある中で、もっとも制限時間がないのがゲームだと思ってるんですね。

ドラマだったら1話だいたい1時間、短くて30～40分が連続しているじゃないですか。映画、舞台は2時間半から3時間っていうくくりがあって。

――そうですよね。

本田　でもゲームはその人次第で高ぶっていけば何時間もプレイし続けることができて、時間の規制がないわけですよね。

時間をかけられるのがいいと言っても、たとえばクリアまで１０００時間かかりますっていうゲームは誰もやらないと思いますけど(笑)。

――最近ゲーム作品を調べると上のほうに「このゲームは1周するのにどれくらいかかりますか」って質問が出てきますよね（笑）。

本田　「30～50時間です」みたいな。多いですよね（笑）。

だからクリアにかかる時間が長いのが決してベストではないですが、ゲームはいつでも自分で止めれますし。

――長くても途中でセーブしてやめられるから無理なく進められますよね。

本田　もうひとつあるとすれば映画的な表現がゲームでもできるようになりましたよね。カメラワークの表現がいまの技術でもう映画と遜色なくできますし、しかも実写じゃない、というよりも全部ＣＧだから自然にファンタジー要素も増やせる。なのにそこまでリアルじゃなくてもいいというプレイヤーの期待のハードルの低さというか。ゲームだからリアルすぎなくていいし、もっと言えばぶっ飛んでても許容できる範囲が大きいように思います。

映画とかのほうがそのハードルが高いのかなとか思ったりします。

――たしかに映画でＣＧと実写の境目があまりにもわかると気になっちゃいますよね。

本田　あともうひとつは、ゲームだと自分が主人公になって操作してるから飽きてる時間がないんですよね。ずっと没入することができる。

――ゲームは飽きてやめるというよりも、続けたいのに時間の制約とかで強制的にやめざる

を得ない、っていう感じですよね。やはり自分が主人公になれるのは大きいと思います。

本田　さらに物語も伝えられる。たぶんそこに初めて本気出したのが、『ウィッチャー3』だと思うんです。

ドラマ、映画に匹敵するする脚本で、これはゲームに一番未来があるんだろうなって感じました。

――『ウィッチャー3』すごく人気ありますよね。

本田　初めて僕が触った海外ゲームなんですけど、始めるまでに結構抵抗があったんですよ。ちゃんとできるかな、感情移入できるかな、システム難しくないかなとか。まず○ボタンと×ボタンも逆だし、とかもういろいろあったんですけど、とにかく1回やってみようと思って。

――クリアしてどうでしたか？

本田　役者だからっていうのもあるかもしれないですけど、ここまで練られたストーリーとセリフ回しとか、脚本上のキャラクターの動かし方とかが本当に素晴らしくて、映画にしてほしいなって思ったのが第一印象でした。やったあと。

――大絶賛ですね！

本田　でも、いや待てよ、これ映画にできなくない？　映画以外のエンタメを含めてもこの良さを出せないなって思っちゃって。

――Netflix独占配信で実写化するって聞いたときは攻めてるな、と思いました。

本田　だから作り手側のすべての技術とスキルを終結させて何かを作るとしたらゲームが一番強いんじゃないかなと思ったりします。演出家、脚本家だったりカメラワークを決める人たち、いろんなジャンルの一流の人たちが1回全部集まってやってみたらどんなすごい作品ができるんだろうって思いますよね。可能性の話ですけど（笑）。

――映画監督を呼んだらまた全然変わりそうですよね。

本田　もうそうやって作られてるものがあった気がします。それこそ『エルデンリング』の脚本って『ゲームオブスローンズ』の作者ジョージ・R・R・マーティンが書いてるんですよ。

――すでにそういう制作方法が始まっているんですか。

本田　そういう人たちが介入せざるを得ない業界になってきているんじゃないですかね。たとえばスーパーファミコン時代なんて入れる文字数も知れてるし、脚本家なんて呼ぶほどの表現力がまだなかった。

――たしかに。

本田　でもいまはCGアニメと同じくらいのクオリティを出せるから監督も脚本家も呼んでストーリーに厚みを出す時代になっています。

良くも悪くもちゃんとゲームをさせることを軸にしているのを、表現とかエンターテインメントにもっとガツンと降る作品が出てきそうだなって思ってます。『デトロイト』とかそれに近いかも。ゲームというより物語を楽しむ。

――ゲームの概念が変わりそうですね。

本田　そういう取り組みはすでにあって、Wiiではリモコンを振ってスポーツ的なことを取り入れた作品が多かったじゃないですか。だから本当にゲームっていうくくりが変わってくるだろうなとは思ってます。

――言われてみれば、もうすでにありました（笑）。

本田　ハードの性能が上がったことによってVRもその懸け橋のひとつだと思うんですけど、ゲームをするっていうより参加するとか、もっと物語に入り込みながら見るとか聞くとかを重視したエンターテインメントにもなっていきそうで。そうなってくるとめちゃめちゃ強いと思います。

――VRが進化したら本当に映画やドラマの主人公になったレベルの没入考えられそうです。

本田　だからこれからはいまのゲームの定義をどこまで外していけるか、だと思うんです。もちろんゲーム業界の方はいつも革新的なことをしようって考えてるでしょうけど（笑）。良くも悪くもセオリーが決まってきていますが、機器の性能的にはもうその制限がないと思うんです。なので全然進化できると期待しています。

――グラフィックとか全然違いますもんね。

本田　グラフィック全振りのゲームとかまだ出てないわけですもんね。いわゆるほかのところに容量を使ってたりするから、全振りをしていったときにどうなるのかなっていう気はします。

――最初はちょっとノベルゲームっぽくなるかもしれないですね。

本田　そうですね。そうならないように次の展開を選択するときの微妙な間をもっとリアルにするとか、字幕が全部は出ないとか、さらに没入感を深めるような方法があると思うんです。

――たしかに。

本田　選択肢を選んで決定したら物語が進んでいくシステムすらも変えたりして「ゲームはこうだから」っていう概念を超えていってくれると信じています。

――今後のゲームの進化が楽しみですね。

本田　エンタメの中で舞台、演劇だけ少し違うんですよね。

モニターとか映像とかを介さず、役者がその場（劇場）で演技をする。なので最初にエンタメってひとくくりにしましたけど、少し違って「ドラマ、映画、ゲームの中で考えると、表現の可能性が一番強そうだな」って僕は思っています。

格闘技の楽しみ方

――『本田礼生の不定期配信』で格闘技や「THE MATCH 2022」のことをすごく楽しそうに話されていたので、「本田礼生のこもりっぱなし」のほうでもお話聞いてもいいですか？

本田　無限に話せますよ、格闘技は！　あのあと配信に関わってくださる大人たちがみんな「THE MATCH 2022」の配信を買っていました。

――影響力すごいですね！（笑）。試合は会場で観てるんですか？

本田　いや、生では1回も観たことないんですよ。配信で観戦しています。

――そこも〝こもりっぱなし〟なんですね（笑）。

本田　仕事柄先々の予定がわからないので予めチケットが取りづらいのと、そもそも格闘技って人気でチケット取るのが難しいのもあるんですけどね。

　東京ドームだと対戦はアリーナでやっているけれど、僕が買える座席は2階席、3階席なんじゃないかなあ。

――結構遠くなるんですか？

本田　リングの大きさが10センチ四方に見えるくらい遠いです。

　だとしたら観るなら配信かな、と。1階のリングサイド席ってチケット代が１００万円超えたりするレベルなので。

――それは配信で観ようって思いますね。

本田　いつかは生で観てみたいですけどね！

――「THE MATCH 2022」は観れたんですか？

本田　その日は舞台の稽古だったんですけど、いろいろな奇跡が重なって観ることができました。「本田礼生の不定期配信」でお話した那須川天心選手と武尊選手おふたりのストーリーがあるので、始まる前のリングにふたりが立ってるところからもうずっと泣いてました。

――そもそも格闘技を観始めたきっかけはなんだったんですか？

本田　本当のスタートは小学生くらいのときに年末にやっていたK－1を観てからです。アンディ・フグ選手とかピーター・アーツ選手、魔裟斗選手が活躍していた時代。そのあとそんなに観てなかったんですけどYouTubeで昔のK－1とかがまとめられてるのを知って、また観るようになりました。

――いまはどんな選手を追いかけているんですか？

本田　井上尚弥選手がすごいって知って深堀りしていったら武尊選手がいて那須川天心選手がいて、みたいに広がっていきました。ここ5年くらい日本の格闘技の歴史で一番すごい時期が来てるんですよ。

　ボクシングでは日本人って世界には通用しづらいんですよ。

――そうなんですか？

本田　アメリカとかヨーロッパとかの選手と比べると骨格も全然違って、日本人は技術ではどうにかなるけど、根本的な身体能力では限界があると感じていて。

――たしかにそうですね。

本田　日本人の世界チャンピオンは圧倒的に少ないし、世界戦に挑戦するだけで素晴らしいこと、日本人の快挙だっていう感じだったんですけど、いまめちゃめちゃ日本人選手が強くなっていて、その一番先頭を突っ走ってるのが井上尚弥選手なんです！　聞いたことありますか？

――ごめんなさい……。

本田　今日覚えて帰ってください（笑）。さっき言ったようにボクシングって格闘技で一番人数が多いスポーツでもあるし、アスリートの年収ランキングの世界一になったこともあるんですよ。

――そうなんですか!?

本田　一攫千金も狙えるっていうことで世界的に人口が多いんです。殴り合うスポーツだからどうしても日本人は弱い中で、井上尚弥選手は昨年（2022年）パウンドフォーパウンドっていう称号を取ったんです。これは専門家が世界中のいまの現役ボクサーの中で、だれが一番素晴らしいかを階級に関係なくランキングとか成績で決める空想のランキングなんですけど。

――日本人で初めて獲得した。

本田　パウンドフォーパウンドで日本人選手が1位を取ることはないだろうって言われているどころか、ランキングに入ることすらもないだろうって言われてたのに、井上選手が1位を取ったんですよね。その選手がいま現役で一番上がっていってる瞬間に生きている僕ら（笑）。

――井上選手はどんな特徴があるんですか？

本田　無敵。あと弱点がないところ。

――本田さんって自分の意見もありつつ、周りの意見も把握されてると思うんですけど、どうやって情報収集してるんですか？

本田　ネットやSNSで記事を読んだり、調べたりするとぼわっとした世間の声がわかるのと、自分が最初に感じてたことを比べています。

　自分はこう思うけど、世間はこう言ってるみたいに意見が違うことは結構あります。その考えに乗ることもあるし、みんなはこう思ってるんだ、って乗らないこともあります。

――そこで自分の意見を持ち続ける選択をできるところがさすがです。

本田　でもSNSの世の声ってあんまりあてにならないと思っているんです。

　取材とか調査じゃなくなにかしらの高ぶりが発信になるわけで批判が多いじゃないですか。何とも思ってない人って発信しないわけですよね。だからあんまり参考にしないことも多いです。

——なるほど。「現役時代で観れる」ってよくおっしゃっていますが、やっぱり過去の選手の活躍を情報として知ったり、試合の映像を観るのではまったく違いますか?

本田　違います!!　全然違います。試合はもちろん面白いんですけど、僕のなかでは試合は5割、いや4割かな。選手のストーリーが6割だと思っています。

——ストーリーのほうが比重が重いんですね。

本田　武尊選手と那須川選手の試合はそこが一番面白い。

　あのふたりがめちゃめちゃ強いし、あの試合ももちろん面白いんですけど、そこに至るまでの話や各々が持つ伝説が素晴らしいわけで。それにストーリーが終わってないから、さらに上り詰めていくのを観れるのが最高ですね。

——目の前で更新されていく。

本田　いうなれば映画の中盤くらいですね。『アベンジャーズ』シリーズでたとえると、最初いろいろヒーローが集まって、敵が出てきて、問題があって、最後に大結集して戦うんですよ。この最後に大結集して戦うところは僕はあんまり面白くなくて、その過程のほうに興味を持つんです。ハリウッド映画も序盤や中盤面は惹きつけられるけど、終盤のずっとCGでドカンドカンなってるのはそこまででもないというか。

——とてもわかりやすいです。

本田　もちろん終盤も面白いですよ！　面白いけど仮にこの序盤中盤がなくそのシーンだけ見てどれくらい楽しめるかなって考えてしまうのがボクシングとか格闘技の選手のストーリーを追いかけてしまうのと似ています。その過程を知ってるからめっちゃ楽しめるって感じです。

——なるほど。

本田　プロのほうは専門知識を持ってれば持ってるほど試合が面白いと思うんですよ。僕は素人だから痛さもわからなければ、比較しないと早いかどうかもわからないし。

——体験したいっておっしゃってましたよね。

本田　そういう意味で言うと、試合は実際に観ていてもわからないことだらけなので、そこに至った結果どうなって、そのあとにその人がどう思ったかが自分にとって大切で、それを同じ時代に生きてリアルタイムで追えているのがもう……。100%ずっと語り継がれる人だから。

——格闘技の選手のストーリーを楽しむ良さがわかりました。

本田　ライブ観に行った感じですよね。一緒に盛り上がって、一緒に一喜一憂して、一緒に余韻を感じてるというか。それをCDで聴くのは違いますよね。って言いながら配信で見てたんですけどね（笑）。

　時代が動く瞬間を観ることができるのが醍醐味なので、だから僕はワールドカップとかも観ちゃいます。

プロフィール写真コレクション

毎回プロフィール写真が変わっていたのに気付いていただろうか。　連載時はモノクロだったプロフィール写真がカラーで、そしてサイズアップして大集合！　雰囲気の変化にもぜひ注目してほしい。

〈第１回〉

〈第 2 回〉

〈第 3 回〉

〈第 4 回〉

〈第 5 回〉

〈第 6 回〉

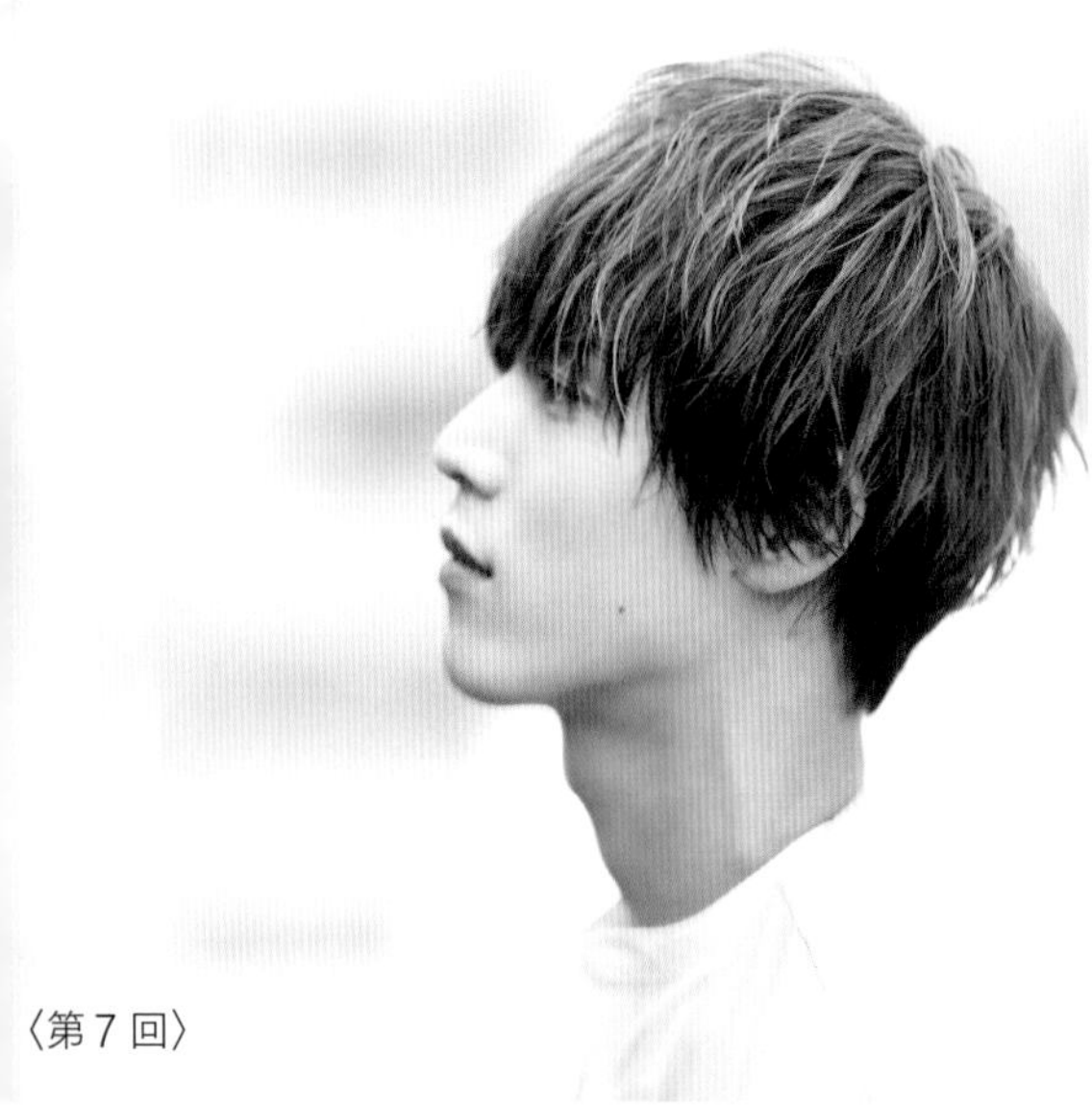
〈第 7 回〉

〈第 8 回〉

〈第 9 回〉

〈第 10 回〉

〈第 11 回〉

〈第 12 回〉

〈最終回〉

連載時のロゴ
アーカイブ

Twitterでの告知で使用したロゴを一挙に掲載!!

拙いながら毎号テーマに合わせ、担当編集がちょっとした加工を入れていたので好きな色味、気になった雰囲気のロゴから連載に戻ってみるのはいかがだろうか。
※第1回は写真を使用したためにロゴ画像はありません。

〈第2回〉まだ手探りで、『鉄拳』バージョンにアレンジしたロゴと連載からそのまま切り出した2種類を作成

〈第2回〉『鉄拳3』パッケージを見て最も印象の強い赤色をお借りした

〈第3回〉正直このときはまだテーマに沿った着色と決めておらず、いままで使っていない色から選んでいた

〈第3回〉『大乱闘スマッシュブラザーズSPECIAL』ロゴの色より

〈第4回〉連載テーマのゲーミング環境の中からゲーミングチェアをイメージした色味

〈第4回〉2回目の撮影でおこなったボルダリングのホールドをイメージしてカラフルに着彩

〈第5回〉同じく『モンスターハンターライズ』のラスボスをイメージ

〈第5回〉『モンスターハンターライズ』パッケージモンスター・マガイマガドの色を拝借

〈第6回〉同じく『FF9』のジャケットデザインを参考にさせていただいた

〈第6回〉第6回のテーマ『FAINAL FANTASY』より『FF7』のジャケットデザインを参考に

〈第7回〉何度目かの黒。フロム・ソフトウェアの会社ロゴより

〈第7回〉今年一番楽しみという『エルデンリング』のシンボル黄金樹に似せたかったのだが技術力が足りず……

〈第8回〉第8回掲載のころに出演されていた舞台『アクダマドライブ』の殺人鬼からイメージをもらった

〈第8回〉チュロス専門店PALM TREE用賀店で撮影させていただいたので、お店の色・黄色を使用

〈第9回〉あまり使ってない色味で黄緑をチョイスした。第4回のボルダリング以来の登場。

〈第9回〉ギターを始めるにあたり影響を受けたと聞き「THE CONVOY SHOW」のホームページより

〈第10回〉“『デジモン』と言えば”のアグモンから黄色をお借りした

〈第10回〉第10回のテーマ、『デジモンサヴァイヴ』のトップページより印象的な青色を拝借

〈第11回〉映画『ユージュアル・サスペクツ』のパッケージより

〈第11回〉映画『セッション』のパッケージをイメージ

〈第12回〉オンラインゲームとして作品名が出た『APEX LEGENDS』のパッケージをイメージ

〈第12回〉オンラインゲームとして作品名が出た『地球防衛軍6』のパッケージをイメージ

〈第13回〉最終回として演じるキャラクターのテーマカラーは青系が多いとうかがって作成

〈第13回〉本田さんと梅津瑞樹さんが初共演された某イベントのロゴをオマージュ

担当編集から見た本田さん

初連載の機会をいただき本当にありがとうございました！
そしてお疲れ様でした。

好きなことのお話の端々からも伝わってくるストイックさにいつも驚かされていました。ゲームでうまく立ち回れないのは自分の実力不足と言い切り、舞台だけでなく映画やお笑いを観ているときも自分に取り入れられることを探してしまうと苦笑いしながら話していたのが忘れられません。心が休まっている時間があるのかなと心配になるほどです。

そして豊富な知識と深い分析力、それを伝えるトーク力が素晴らしいです。作品を語るときには製作陣のことまで調べ尽くされていて、ここが好き、これがおすすめ！という自分の意見と一緒にもっとこうしたら良くなるのにという視点を常に持ってらっしゃいます。自分の考えだけで完結せず、情報収集をしていてたとえ周囲の意見が違っていても受け入れている視野の広さもあります。宇宙のことをぶわーっと1時間くらい語ってくださったこともありました。（とても面白かったのですが残念ながら自分の知識がまったく追いつかなくて記事化できず……。）

私服もとてもおしゃれですし、出演した作品や演じたキャラクターを本当に大切にされているのが持ち物からもわかります。楽しく冗談を言っているようで、実は場がなごむように周囲を気遣ってくださっているのだと感じました。

そんな完璧超人な本田さんですが地図読むのが苦手なのかな？と思う瞬間があったりします。初回の撮影では行きがけに財布落としてしまい探しながら来てくださり、帽子忘れて帰っていったり、あと一問一答で出たみんなサバが好きだと信じていた子供時代があったり、たまにすごくかわいいエピソードが出てくるギャップが本田さんも人間なんだと思わせてくれて安心します（笑）。
これからもどんどん活躍の場を広げていく本田さんをとても楽しみにしています!!

あとがき

「ゲームについて語る連載がやりたい。」

頭の片隅にあった小さな夢が、「CONTINUE」で叶いました。僕が考えた連載のタイトルは、『本田礼生のこもりっぱなし』。連載を振り返ってみると、これまでやったことのないスタンスで発信が出来た貴重な場所だったと思っています。

「この話は、コアなゲームファンしかわからないだろうなぁ。」「この話をして、誰か共感してくれるかなぁ。くれないよなぁ。」そんな風にいつもは躊躇う話題も、無責任に語ることが出来ました。仕事というより、ただただ、僕の趣味について語る。そう、語りました。それを編集の小森さんが文章にしてくれていました(笑)。そんな連載が出来たことは、本当に嬉しかったです。

〝こもりっぱなし〟というタイトルとは反対に、本誌グラビアでは、〝こもる僕を引っ張り出して〟もらって射撃・ボルダリング・チュロス作りと楽しく撮影させてもらいました。

今回、新たに二つのことで引っ張り出されたのですが、まずは、〝川越ぶらり旅〟こちらは普段のロケ撮影のようなスタイルで、川越を歩きました。引っ張り出されないと、まず向かわない場所です。撮影は、もちろん楽しく、僕自身もカメラを持って写真を撮りました。ファインダー越しに見えるものは、とにかく新鮮で気の向くままにシャッターを切りました。なんて……そんなカッコいいもんじゃないですが。それなりに気に入っています。

でもここだけの話、実は1番印象に残っていることは、この本には書かれていません。

川越での撮影中、カメラマンの松崎さんに聞かれました。

「本田くんは料理はするの？」

「はい、やりますよ」

そう答えると松崎さんは、

「写真は撮れないんだけど、凄いお店があるから寄ってみない？」

そう言うと、あるお店に連れて行ってくださいました。

そこは職人さんが作った刃物を取り扱うお店で、包丁、爪切り、ハサミ、刀まで、様々な刃物が置かれていました。包丁の試し切りをさせていただいたのですが、大根が豆腐の様に切れるのです。

「これだけ切れると、扱いを気をつけないと怖いですね。」

僕がそう言うと、職人さんはこう教えてくれました。

「よく切れる刃物より、切れない刃物の方が危ないのです。よく手入れをされている刃物は、余計な力を入れずに、正しい使い方で切れますから」

何だか演劇に通ずるなぁと思ったのですが、何が通ずるのかは全く分からなかったので、多分通じてないのです。

川越という場所は、古くから残るものを大切にし、後世に出来る限りそのまま残していこうという素晴らしい場所でした。また行きたいと思います。

そして、二つ目は、スタイリストアシスタント体験（?）です。（?）を付けた理由は後述します。

今回の体験は、いつも取材やイベントの衣装でお世話になっている（津野）真吾さんにくっついて、スタイリストを体験させていただこうという企画でした。その際に、アシスタントとして、衣装を選んだり（本来は師匠が選ぶようですが）、運んだりとさせていただいたのですが、実際に体験してみないと分からない大変さに驚きました。

まず、衣装を選ぶだけでも大変でした。ハンガーに掛かっている衣装を、掻き分ける。選んだ衣装を合わせてみる。

元の位置に戻す。そしてピックした衣装を車に積む。それも服で両手が塞がった状態で車のドアを開けるのです。今回、衣装2体でも重かったのだから、通常はもっと重いのでしょう。まさに重労働。

当たり前に大変なことですが、実際体験してみて分かることがありすぎて、とても貴重な体験でした。

しかし、僕が体験したのはほんの一部。まだまだアシスタントさんは大変な作業をされているのです。それが、（?）を付けた理由です。（体験したなん言えるレベルではありません。）プロの仕事は、見えないところでたくさんの苦労、努力から成り立っているのだと改めて知ることが出来ました。良い体験が出来ました。

それもこれも、今、この本を手にしてくださっているあなたのおかげです。いつも応援していただき、本当にありがとうございます。この連載は、「役者本田礼生」として、というよりも、「ただの本田礼生」として発信してきました。回数を重ねるごとに、その割合はマシマシで増していきました。読んでくれた皆さんも、それを感じてくれていたら嬉しいです。

貴重な経験と夢を叶えてくださった太田出版さま、林編集長、編集の小森さん。カメラマンの松崎さん、ヘアメイク横山さん、スタイリスト真吾さん。その他お世話になった関係者の皆さま。本当にありがとうございます。これからもよろしくお願いします。

また、無責任に発信出来る場所が出来ますように。

本田礼生

本田礼生（ほんだ・れお）
1992年10月28日生まれ、愛媛県出身。12年に俳優デビュー。主な出演作品はミュージカル『テニスの王子様』3rdシーズン 菊丸英二役、MANKAI STAGE『A3!』斑鳩三角役、「舞台『刀剣乱舞』天伝 蒼空の兵 - 大坂冬の陣 - 一期一振役、舞台「鬼滅の刃」冨岡義勇役、など数々の人気2.5次元舞台に出演する一方で、THE CONVOY SHOW公演、オリジナル作品、ドラマ、バラエティ、ラジオなど様々なジャンルで活躍中。RKBラジオ・MBCラジオにて「本田礼生のてんご」、キャストサイズチャンネル（ニコニコチャンネル内）『本田礼生の不定期配信』が放送中。最新情報などは本田礼生オフィシャルサイト https://honda-reo.com/ にて。

〈初出〉第1回～最終回 CONTINUE Vol.69（2021年1月）～Vol.81（2023年1月）上記の連載原稿を加筆修正して掲載しています。書きおろし＝これまでの趣味、これからの趣味／ゲームの可能性／格闘技の楽しみ方

本田礼生のこもりっぱなし

2023年3月25日　第一刷発行

著者　本田礼生

編集　小森理美
撮影　松崎浩之、本田礼生（P48～51）
スタイリスト　津野真吾（impiger）
ヘアメイク　横山裕司（Lomalia）、はるか（Lomalia）、いたつ
文字起こし　小川幸子

Special Thanks　度會由美子（株式会社ヤザ・パパ）

発行人　森山裕之
発行所　株式会社太田出版
〒160-8571 東京都新宿区愛住町22 第3山田ビル4F
電話 03-3359-6262／振替 00120-6-162166
https://www.ohtabooks.com/

印刷・製本　株式会社シナノ

ISBN978-4-7783-1853-6 C0095